悩みや不安って
どうしたら
なくなるの!?

しあわせは今ここにある

愛を知ったネコ

それ
"地球あるある"の
トリックやねん。
自分をよーく知ったら
悩みなんて
一瞬で消えるで

しみずたいき

廣済堂出版

ごきげんよう、人間諸君！
ワシは、ネコたちの悩みに答え、
真理を教える
マスターネーコや。

人間世界は、恋愛、人間関係、お金、仕事などで
ざわついているようじゃが、
それはネコの世界も一緒や。

自分と誰かを比べて落ち込んだり、
相手のせいにして怒りをまきちらしたり、
自分を責めて、生きている意味を見失ったり……。

そんな深刻なネコたちが、
毎日わんさかワシのところに相談に来よる。

でもな、悩み苦しんでいるネコたちを見て思うねん。

はよ、目を覚ませ。
今、キミが見ているものは
幻想やで。

世の中のネコたち（人間たち）は、
目の前で起こっている出来事に振り回され過ぎや。
それらはすべて、「ほんまの自分」に気づくための幻であって、
ほんまのキミやない。
ほんまのキミの本質は愛なんや。

誰でも「ほんまの自分」というものは常に一緒にいるんやけど、
表面的な問題ばかり解決しようとしている限り、
それは見つからへん。
自分の深いところにもぐり、ありのままの自分を認めたときに、出会うんや。

あとな、ここだけの話やけど、
今、地球は急激な変化の真っ最中で、進化の過程にある。
それに合わせてキミたちも進化しないと、ますます生きにくくなるんや。

せやから、これまでの執着した生き方を手放して、
キミ自身も新しく生まれ変わるときなんや。

そこで、この本では、
みんながつまずきがちな人生のしくみとやらを、
ワシ、マスターネーコが解説することにしたんや。

心が軽くなり、
人生が楽しくなるバイブルとして、
何度も読んでみてや。

ほな、いこか。

おもな登場ネコ

マスターネーコ

ネコ社会だけではなく、宇宙の真理を知る存在。

モモ

飼いネコでみんなのマドンナ

かわいくて、イケメン好き。みんなにちやほやされるのが好き。「ボク」にとって憧れの存在。

ボク

この物語の主人公

野良ネコなので、いつもおいしいご飯を食べている飼いネコをうらやましいと思っている。周りのネコの目ばかりが気になって自分が出せず、自信もない。

レオ

飼いネコでイケメン

カッコよくて女子ネコからモテモテで、モモと仲良し。「ボク」はついつい対抗したり嫉妬してしまう。

トラ

意地悪な野良ネコ

近所の札付きのガキ大将。何かにつけて「ボク」に嫌がらせや命令をする。

愛を知ったネコ——目次

1章

生きるって、頑張ること!?

2章

手をつなぐと、元気になる

3章

失ってわかること、そこにあるのに見えないもの

4章

すべては、愛だね！

1章

生きるって、頑張ること!?

比べてみてわかったこと

レオは毛がつやつやでモフモフでステキねー
大好きなモモちゃん
やっぱりかっこいい
レオが好きなんだ!
ボクの毛はボソボソ
それに短い
レオって歩き方も品があるわよね
歩き方はノロノロ
足も短い
うわーん
こんなんじゃステキって言ってもらえない――
レオいいな～

幸せと不幸せは、なぜ存在する？

キミたちには「比較してものを見る癖」がある。

「私は、あの子ほどかわいくない」

「あの人くらい才能があったらなぁ」

「みんな決断力があるのに、僕は優柔不断だ」

そうやって何かと比べることで、不幸になったり幸せになったりする。


面接に落ちたら、合格した人よりも不幸だと思ってしまうやろ。ときには過去の自分と今の自分を比較して、幸か不幸かを判断することもある。

たとえば、かわいい靴を買って幸せな気持ちだったのに、帰り道に入ったお店でもっとかわいい新作の靴を見つけたら一瞬で幸せが消えてしまったり。

また、彼氏ができて幸せだと思っていた人が、彼氏にフラれたとたん、それまで楽しかった一人暮らしが一転、つらく悲しいものになってしまう。よかった頃と比べて、現在が不幸に感じるれるからや。そやけど、新しい素敵な恋人が現れると、今度は失恋していたこれまでの自分より、現在が幸せになる。

キミたちは、恋人ができると「この人こそ特別な人で運命の相手だから、ずっと一緒にいられるだろう」と思う。今の幸せな日々がずっと続くだろうと期待するけれど、実はそう思うことで、新たな苦しみの種を蒔《ま》いているんや。

そんな感じで、いつも頭の中で誰か（何か）と比べ、黙ることなくしゃべり続ける「わたし」。それが自我や。

キミたちの葛藤の原因は、過去と現在を比べたり、「こうあるべき理想」と「そのまんまの現実」を比べる自我から派生しているんや。

自我とは、「緊張した心」のこと。

何かと比べて責めてしまうときや緊張しているときは、自我にとらわれているときやねん。反対に、リラックスすればするほど、自我は消えていくで。

大切なのは、比べない。責めない。過ぎたことを悔やまない。先のことを心配しない。
つまり緊張をとって、今を生きること。

これが幸せの基本や。

ただ、「緊張してない」って自己暗示をかけても効かへんで。緊張を消そうとすると、緊張に意識がいってしまうやろ。緊張（自我）を消そうと頑張ると、余計に緊張してしまうねん。

それより、**緊張しているってそのまんまの自分を認めた上で、今楽しい気分になることを選ぶんや。楽しいときは、緊張はなくなるねん。**

「幸せ」なんて言葉を知らなかった子どもの頃は、何かと比べたり、未来の幸せを追いかけなくても、そのまんまの自分で幸せだったやろ。

幸せは、今ここにただ〝在る〟ものなんや。

イケてる努力!?

モモちゃんに好かれよう
大作戦
脱!イケてないボク!
もっと足を長く!
ううううううううーっ
体はピカピカに!
バッシャ
バッシャ
やぁ何しているんだい?
これでどうだっ

悩みや苦しみを作っているのは自分

キミは何かをほしがったり、獲得しようと思って躍起になってないやろか？

それがほんまに自分に必要なもので、それを得ることに幸せを感じられるならええねん。

せやけど、たとえば「有名な大学に入らないと幸せな人生は送れない！」とイヤイヤ受験勉強したり、「いい会社に就職するためには資格が必要だ！」と興味ないものに手を出してみたり、「おひとり様って寂しい……」と焦って婚活したり、「お金持ちにならないとダメだ！」と高い授業料を無理して払って起業セミナーに通ったりしているとしたら……。

ちょい立ち止まって、自分に問いかけてみい。

「なんのために、それをしとるんか？」と。

それらはぜんぶ安心、無事のためと違うか？

ほんまにそれをしたいという「希望」ではなく、そうしないと社会で落ちこぼれてしまう、負け組になってしまうという「不安」からしてへんか？


人がなぜ、そこまで安心、無事を求めるかと言うと、自己否定があるからや。

今のままの自分ではあかんと思っているから、「有名な大学に入れば」「資格があれば」「結婚すれば」「お金さえあれば」と、何かが手に入れば幸せになれる、もっと豊かになれると思ってしまうねん。


そやけどな、「今のままでいいと思える自分になろう！」というのも違うねん。

だって、「今のままでいいと思えない自分」がいるから「今のままでいいと思える自分」になりたいと思うんやろ？

これ、地球ならではのトリックなんや。

キミが理想を思い描くのは、今が理想的ではないと感じているときや。無意識に「このままではダメだ」と今を否定しているから、「このままではいけない現実」が映し出されるんや。

つまり、「もっとよくなろう」と理想を追いかけることによって、人は「あるべき自分（理想）」と「あるがままの自分（現実）」との間で葛藤し、苦悩を生み出しているねん。

せやから、**いちばん大切なのは「自分（今）を否定しない」こと。**

ほんまに心から「今のままでいい」と思えたとき、何かを獲得しなければと躍起になる自分が消え、葛藤や苦悩から解放されるんや。

皮肉なことに「もっとよくなろう」とする自分（緊張）が消えると、現実はもっとよくなるねん。

家ネコの悩み

爪ってすぐ伸びてきて嫌よねー カーテンとか布団にひっかかっちゃう
え？
いつもちょうどいい長さだけど…!?
あ そっか
モモちゃんは家猫だもんね
全然話が通じないからもういいっ！
キー
ボク何か変なこと言った？

相手を理解できないのはなぜ？

「なんでわかってくれないの？」
「私を愛しているなら、わかってくれるはず！」
って思うことはないやろか？
それは「共感の押しつけ」かもしれへんで。

一般的に共感というのは、相手の考えや主張を自分もまったく同じように感じることだと思われがちやけど、そんなん土台無理な話や。

たとえば、「専業主婦こそが女性の幸せよ！」と主張する人と、「仕事でキャリアを積んで社会で活躍することが女性の幸せ」と主張する人が、「女性の幸せ」について話し合っても、おそらく意見が一致することはないやろな。

そう考えると、**大事なのは、共感よりもまず「お互いの違いを認めること」**。

ほんで、**歩み寄ることが大事なんや。**

もし、「この人は全然私に共感してくれない」と悲しい気持ちになるなら、それは相手がわかってくれないのではなく、キミが相手や自分のことをわかっていないのかもしれんな。

もう少し詳しく説明するとな、大きく分けると人には2種類いるんや。

ひとつは、世の中や物事を「思考」から見る人。

もうひとつは、世の中や物事を「感情」から見る人。

「思考」から見る人は、何かあったとき、まず「考える人」や。

「感情」から見る人は、何かあったとき、まず「感じる人」や。

当然、それぞれにプラス面とマイナス面がある。

思考で生きている人は、冷静で感情に振り回されにくい反面、考え過ぎたり感情の表現力が乏しい。

感情で生きている人は、物事を深く味わえる反面、感情に振り回されやすい。

せやから、思考から見る人が感情から見る人にアドバイスをしたら、思いやりがなくて、冷たい言葉のように思われることもあるやろな。「もっと優しい言い方できないの？」とかな。

でも言い換えれば、感情から見る人は、思考から見る人の思いやりや愛情を見逃しているということでもあるんや。

つまり、**「相手が自分のことをわかってくれない」ということは、「自分が相手のことをわかっていない」ということであり、「自分も自分のことをわかっていない」ということ。**

キミのほうも、相手の愛情表現を理解できなかったってことなんや。

そうしたいのにできない

何してるのかしらね
はて
一人遊びかな？
そんなに話しかけたいなら話せばいいじゃん
意味わからんっ

本音を隠すと自分がわからなくなる

キミの中に「わかってほしい」という不満や不足感がある限り、今、目の前にどれだけ幸せがあったとしても、それに気づくことはできない。

人がトラブルを起こすのは、多くの場合、相手に「わかってほしいとき」や。

ずっと我慢してきたこと、つらかったこと、誰にも言えなかった本音……。それらは心の中に、ずっと押し込められたままなんや。

でも、そのことに気づけないから、「こうしなければならない」「それは違う」と自分の「正しさ」や「常識」を振りかざしてしまう……。

そうやって、「やっぱりわかってもらえない」という状態を作っているんや。

そんな武装した心の正体は、ずっと大切にされてこなかった内なる子ども心、インナーチャイルドや。

このインナーチャイルドの欲求は、消すのではなく、まず満たしてあげることが大切なんや。

そやけど、病気やケガをすることで人に愛されようとしたり、わざと嫌われることをして注目されようとしたり、その「満たし方」に問題があるから、やり方を変える必要があるねん。

「本当は我慢していたんだね」「本当は寂しかったんだね」と、自分で内なる子どもを、まず抱きしめてあげるんや。

インナーチャイルドは、誰か（自分）にわかってもらえた瞬間、パカッと心の扉が開くで。

すると、ずっと押し込められていた本音が解放されて、慢性的に抱えていた不満や不足感の多くが消えるはずや。

せやから、心の奥底にある本音を知ることは、めっちゃ大事やねん。

自分の本音がわからん、と言う人も多いんやけど、そういうときは、嫌われたくないとか、恥ずかしいとか、よく思われたいというふうに、「人にバレないように隠している部分」が自分の中にないか、振り返ってみるとええで。

その部分こそ、実は許容され、愛されたいキミの本心なんや。

自分で自分の本音をわかってあげられたら、もう心を武装する必要はなくなる。

心はいつもオープンで、すがすがしく生きられるんや。

十人十色、ネコもいろいろ

ご飯は
ウェットタイプが
好きだなぁ
ボクは
カリカリタイプが
好きだなぁ
ウェットタイプは
あのしっとり感が
たまらないわよ!
カリカリの
あのこうばしさは
一生食べても
あきないって!
あぁ
にゃんや
にゃんや
ボクは
残飯が
絶対に1番
おいしいと思う!
おっとヨダレが
…でも
言えない…

孤独は、勘違いから生まれている

あるところに、コミュニケーションが苦手で友だちもできず、孤独を感じている女の子がいた。

彼女は、自分が楽しくもないのに、相手から「楽しい」を押しつけられるのがストレスだった。他人から求められる共感を「同調圧力」と感じたんやな。

そうは思うものの、楽しくなさそうな態度を取れば、その場の空気を悪くしてしまうから、頑張って楽しそうなフリをしていた。

でもそうやって自分を騙したあと、一人になったときにはどっと疲れていたんや。

周りと合わないと感じるほど、彼女は他人に対して心を閉ざし、自分の世界にこもっていった。

たしかに、他人と距離をとれば、自分の世界は否定されへん。そやけど、誰からも否定されない安全な場所にいることで、自分を守ろうとする殻は、さらに強固になっていったんや。

そうやって自分の世界に閉じこもっているうちに、他人との溝は深まり、その子はさらに孤立していった。

そんなある日、彼女はワシのところにやって来て、これまでのことを全部話してくれたんや。

話を聞いて、ワシは彼女にこう問いかけた。

「同調圧力やと勘違いしているのはキミだけで、周りは単に、楽しいと思って提案してくれていただけやったとしたら？」と。

彼女は「えっ？」と驚いた。そしてその瞬間、彼女がこれまで自分を守るために身につけてきた殻に亀裂が入った。

しばらく沈黙が続いて、彼女は笑顔になってつぶやいたんや。

「誰も私に共感を押しつけてなんかいなかった。楽しいことを提案してくれていただけ……。誰もわかってくれない、もっと私をわかって、と共感を求めていたのは、むしろ私のほうだったんですね」

彼女はこうして「勘違い」に気づき、孤独な夢を終わらせたんや。そして、その日から過去の認識は一変し、不快な共感から、深い共感にシフトしたんや。

彼女は「自分」の目線でしか物事を見ずに「これが現実だ」と勘違いしていたんやけど、人間関係の苦しみやストレスの多くは、この「勘違い」から生じている。

深い共感とは、相手に同情することではなく、考え方は違っていても相手の中に愛を見出すこと。

同情には愛がないけど、共感には愛がある。同情は人から力を奪うが、共感は人に力を与えるんや。

欠けているボク

ボクの毛はボソボソでちょっと恥ずかしい
トラが怖くて意見が言えない
あっ あのっ
なんだよ
レオのことすぐうらやましいって思っちゃう
?
モモに嫌われたらどうしようってビクビクしちゃう
ボク、ダメなところばっかりなんだ
キミになら素直に話せるよ
欠けたところだらけのボクとキミは似てるから
えっ

取り繕うほど「自信」はなくなる！

自分に自信を持つために必要なことは、２つある。

ひとつは、**自分の長所に意識を向けること。**

もうひとつは、**偽るのをやめることや。**


自分に自信がないと、人は自分の欠点にばかり意識が向いてしまうけれど、欠点の裏にある長所にも、意識を向けてあげないとあかんで。

たとえば「私は話し下手だけど、人の話を聞くのは上手」とか「僕はトロいけど、丁寧に仕事をする」というふうに。

自分でダメだと思っているところは、逆に考えるとプラス面にもなるんやから。


ほんで、もうひとつ。自分を偽るのをやめて、「嫌われてもいい」と決めるこっちゃ。

たとえば「話し下手」とか「トロい」とか「大雑把《おおざっぱ》」とか、自分が持っている世間的に「恥ずかしい部分」や「よくない部分」を隠さないこと。

たいていの人は、話し下手なのに饒舌《じょうぜつ》なフリをしたり、トロさを隠してデキるキャラを装ったり、大雑把なのにきめ細かな人になろうと奮闘するんや。

周りに悪い評価を下されることを恐れて、自分の「恥ずかしい部分」や「よくない部分」を必死に取り繕ったり、ごまかしたりするんやな。

でも、結局それ、自分じゃないやろ。

自分をごまかす人ほど、自分を嫌いになる。
隠していることが多い人ほど、不安になる。
自分を装う人ほど、プライドが高くなる。
無理すればするほど、ボロが出るんや。

自分に嘘をつくのをやめて、素直になったとき、人はあるがままの自分を生きはじ

める。

自分の弱さやダメさを隠すための見栄やプライド、つまり、弱さや自信のなさを隠すためにまとっていた鎧《よろい》を脱ぎ捨てたとき、そのまんまの純粋な自分が現れるんや。

そのとき、キミの自信と魅力のオーラは、ハンパなく輝くはずや。

いろんな知識や世渡りのテクニックを身につけてみたり、どんなに前向きな言葉を並べ立てていても、それで自分の本音を隠しているなら、結局は、「自信のない自分」を強化していることにしかならないんや。

「自分に自信がない」という悩みから解放されるのは、「すべての人から認められたとき」やないねん。

他人から認められたいという欲求が消えて、そのままの自分を認めたときなんや。

自分はどこにいる？

魚とってこーい
水飲みたいー
デザートないの？
はい！
えっ水!?
足をもめ
こんな自分で
いいのかな…
いてーっ
足だっつの！

過去の自分とプロレスしている!?

「こんな人とは別れたほうがいい」って思いながらも関係をダラダラと長引かせたり、「夢を叶えたい」って思いながらも、ずっと動かなかったりすること、あるやろ?

口では夢を叶えたいと言いつつも、実は「動きたくない」「面倒くさい」という〝目的〟をひそかに持っているんや。

つまり**「結果は目的」やねん。**

「動きたくない」という結果を叶えるために必要なのが「悩み」や「葛藤」なんや。

「今すぐ動いたほうがいい」とわかっていても、現状に悩んだり、葛藤するほうを無意識に選んでいるわけやな。

でも、それって傷つかないように自分で作った「枠」に閉じこもっているのであって、自分の能力も性格も、枠の中の自分が想像できる範囲のものでしかないやろ。ほんまはキミの中にものすごい可能性がつまっているのに、こぢんまりした自分で生きているってことや。宝の持ち腐れもはなはだしいで。

せやから、何かを決めるとき、「ちっちゃい枠（過去）」から答えを決めていないか、まず疑ってごらん。

葛藤しているときは、過去の自分とプロレスしているようなもんや。自分の未来の可能性を見ていないときやねん。

知識は過去（枠）からやって来るけど、知恵は未来（可能性）からやって来るんや。

まずは「結果は目的」だと理解し、自分の作った枠に気づくことが、最初の一歩やで。

あとは「えいっ！」と枠の外に飛び出すだけや。

最初だけちょっと勇気がいるけどな。でも過去を握りしめたまま現状に執着しとっても、自由は手に入らない。


変化が起きてくるとき、不安や恐怖が湧いてくるのは避けられないけれど、怖がってばかりじゃ人生の景色は永遠に変わらないんや。

握りしめていたものを手放して変化を受け入れたら、今まで想像もしなかったような世界が待っているで。

変化したあとの世界のほうが、断然「自由や〜!!」ってわかるから。

人生は1回きりやからこそ、味わい尽くすんやで！

妄想が止まらない！

あれ、今日は
モモちゃんも
レオも来ないな
いつもなら
来てるのに
ボク何かしたかな
嫌われたかな？
はっ！
もしや
2人で！
なんてこと
ムシャ
ムシャ
あ、レオ！
モモ
ちゃんは？
やぁ
爪を
切られてから
来るって
なんだ
よかったーっ
なんか
知らない
けど
よかったね

自分の「観念」が怒りや悲しみを決めている

心って不思議なもんやな。

さっきまでは平和やったのに、スマホを見た瞬間、「既読なのにレスがない……」とか「突然フォローをはずされた！」とか「ほかの人には『いいね』してるのに、自分にはしてくれない……」などなど、些細《ささい》なことで簡単に心は不安になってしまう。

そやけど、それは**「そういう現実があったから不安に感じた」ということではなく、「キミがそう感じる観念を持っているから、その現実を不安に感じた」んや。**

「観念」というのは、物事に対しての見方とか捉え方のことや。

同じように、そういう意味では「腹が立つ」という出来事はないねん。出来事に対して、「〝腹が立つ〟と感じる観念」を自分が持っているだけやねん。

現実というのは本来、いいも悪いもないんや。

そやけど、不安になったり怒りが湧いてきたりと感情が反応するのは、その出来事に対して、キミの中に「それはいい」「これはあかん」と、ジャッジする観念があるからや。

これをイメージしたのが、下の図や。

「鏡に光を当てたとき、光の入射角は同じ角度でしか反射できない」という「反射の法則」があるやろ？　それと同じように……、

光の入射角＝観念

光の反射角＝感情

鏡＝現実

と置き換えるとわかりやすい。

すぐに返事するべき
観念
(入射角)
感情
(反射角)
なんで返事すぐくれないの!?
反射角(感情)は
入射角(観念)と
同じ角度でしか反射できない
現実(鏡)LINEの返事がこない

同じ現実に遭遇しても、人それぞれで感じ方が違うのは、観念の入射角度が違うからや。

「ＬＩＮＥは既読にしたら、すぐに返事をすべきだ」という観念（入射角）を持っている人は、その出来事に対する感情（反射角）が湧いてくるし、「恋人は言葉にしなくても私の思いを汲《く》み取るべきだ」という観念を持っている人は、それにふさわしい感情が湧いてくるねん。

その人は、その出来事をそのように解釈する観念を持っているから、そう感じるということや。

これがまさに、自分と相手のものの見え方の違いや。

せやから、自分のものの捉え方、感じ方を変えたかったら、観念の角度を変えればええねん。

もし不快な気分、みじめな気分になったら、「どんな観念が、自分にそう感じさせているんだろう？」と自分に問いかけてみるんや。

「相手がどう感じたか？」ではなくて、「自分がどう感じたか？」ってな。

問いかけた結果、たとえば「彼に嫌われないためには、尽くす女にならなければいけない」という観念を持っていることに気づいたなら、**気づいた時点で、その観念は力を失う。**ニュートラルになるから、もう暴れ出さへんで。

よく「観念や感情をなくそう」と頑張る人がいるけれど、生きている限り観念や感情は勝手に湧いてくるので、なくならへんよ。

頑張らずに、ただそれに「気づき」さえすればええんやで。

なんか
いい気分～♪

砂まみれバンザイ！

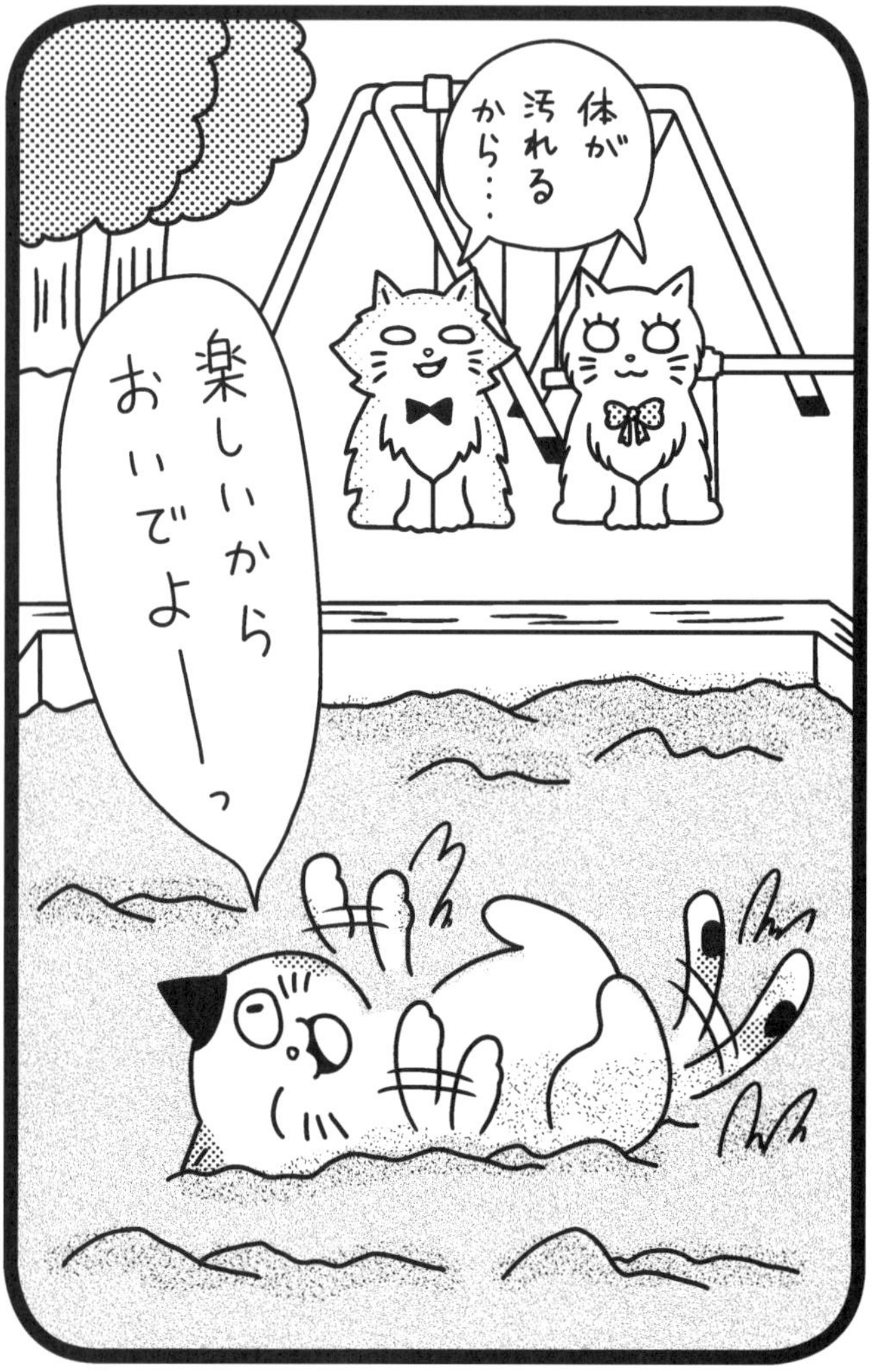

体が汚れるから・・・
楽しいからおいでよーっ

キミはそのままで完璧なんだ！

「他人によく見られたい」「もっと評価されたい」と思って、つい自分を盛って偽ってしまうことってあるやろ。

よく知らないのに知ったかぶりをして相手に話を合わせたり、ほんまは興味ないのに、友だちに気を遣って一緒に騒いでみたり、1度くらいしか話したことがない友だちのことを、マブダチかのように人に自慢してみたり……。

これ、偽って演じているときは軽い気持ちかもしれないけれど、あとあと自分の本心とのギャップに苦しくなるで。

それをわかっていても、なかなかやめられないのはなぜやろ。

なんで偽るのかと言うと、自分がこの宇宙で唯一無二の存在なんだ、ということを忘れているからや。

どんな天才や賢人でも、キミの代わりは務まらへん。

キミはキミではないほかの誰かになる必要はないし、キミにはキミにしかできないことがたくさんあるんや。

それを見つければええねん。

誰かと比べたりせず、キミにしかできないことを探すんや。

感受性が豊かで繊細なところが魅力なのに、強さや図太さを求められたら苦しくなるやろ。

天然でのんびり屋さんなところが魅力なのに、スピードや完璧さを求められたら病んでしまうわ。

さばさばしていてなんでもハッキリ言うところが魅力な人に、控えめでしおらしさを求めたら大喧嘩になるやろな。

自己肯定感って、自信をつけることのように思われがちやけど、違うで。

長所も短所も不安も弱さも、自分が持っているもの全部にＯＫを出すことや。
つまり、自分を好きになるということは、好きな自分に変わることではなく、嫌いな自分を受け入れること。

そのままの自分を認めること。
そのままの自分を受け入れること。

くれぐれもほかの誰かになろうとしてはいけない。
キミはそのままで完璧なんやから。

新時代への鍵は「時間の超越」

テレビでは毎日のように悲しいニュースを目にします。このような出来事が終わらない理由、今まで社会が変わらなかった理由……それは「過去（自分）に原因（問題）がある」という観念や、抑圧された人類の潜在意識にあるように感じています。

過去ー現在ー未来を結んだ直線上の「時間軸（過去）の中に原因がある」という考え方や、二元論に基づいた思考法に縛られているから、変わらないのかもしれません。

私たちは子どもの頃から「これはいいことで、これは悪いことだ」とか「これは正しいことで、あれは間違いだ」などという常識や固定観念を身につけてきました。

そして自分が世間の常識や理想像に当てはまらないと「どうせ私なんて……」と自分を責めたり、「頑張って前向きでいないと！」と無理やり明るくなろうとしますが、プラスVSマイナスの二元論にハマって、逆に自身の周波数を下げてしまう人もい

愛を知るコラム①

ます。このような原因論では、うまくいかない理由はわかっても、解決にはつながりません。

原因を探ることが犯人探しや人格否定につながり、そのために人間関係が悪くなったり、自分を責めてしまうこともあります。

肉体の次元で生きる私たちはふだん、「原因」があるから「結果」があるという、「過去の経験則（記憶）に基づいて何かを選択していく」という感覚で生きていますが、時間を超越した量子の世界では、この瞬間に「すべての可能性」があり、原因（過去）はなく、結果（今）しかありません。

重要なのは、マイナス（過去）からポジティブ（未来）に向かうことではなく、原点回帰し、ゼロ（今ここ）に戻ることです。

ダメに見える思考（マイナス）をマシに見える思考（プラス）に乗り換えようとしても、それは思考から思考へのただの平面移動なのです。

私たちは、時間を越えることを求められています。それは神秘的なことでも特別なことでもありません。

そもそも人類は心身という乗り物に乗るエネルギー的な存在。それゆえ、時間を超越する能力を持っており、時間の超越は私たちに高いパフォーマンスをもたらしてくれるのです。

キミの現実は、
キミの心の状態のあらわれや。
キミ自身の意識が
キミの世界を
作り上げてるっちゅうわけや。

他人に理解して
もらいたかったら、
自分を理解した
ほうが早いねん。

他人との対立は、
自分の心の中の対立に
すぎないのだから。

だから、
常識とか
理屈よりも
……。

キミ自身の
本当の気持ちを
大切にすること。
自分を知ることから、
すべてがはじまる。

2章

手をつなぐと、元気になる

犬が気になる！

毎日通る
この道に
犬がいて
必ず吠えて
くるんだ
ギニャアアア！
ワン
ワンワン
どうしたら
吠えられないで
すむかなぁ
いる？
ワン
ワン
ワン
キミが怖くて
胸がドッグドッグ
鳴っちゃうよ
ニャジャレ
だよ
ワン
ワン
ワン

相手より自分の気持ちを優先する

仕事や人間関係で心がすり減る人というのは、「自分」より「相手」を優先し、「やりたいこと」より「やらなければいけないこと」を優先してしまう人や。

周りを優先して、常に相手から「どう思われるか？」を気にしていると、嫌われることが怖くなる。

「嫌われたくない」から、本音を隠して相手に合わせようとするんやけど、合わせたところで相手に好かれる保証はないやろ。

そもそも、相手の感情は、相手のものや。

「相手がキミのことをどう思うかは、相手の自由」やねん。相手を変えようとしても変わらないのに、変えようとし続けるから苦しいんや。

もっとも苦しいのは、「相手の不機嫌は自分のせい」と思い込み、相手の不機嫌の原因を、自分の中に探してしまうこと。

ここまで自分の気持ちをないがしろにし続けるって、自分に対して失礼やと思わへん？

自分を粗末に扱っていると、周りもキミを粗末に扱うようになってしまうで。

せやから、まずは愛想笑いをやめて、相手より自分を優先してみい。

たとえば友だちにランチに誘われたとき、行きたくもないのについていってしまうこととかないやろか？

断わったら仲間はずれにされるとか、悪口を言われるとか、もう誘ってもらえなくなるとか考えてしまってな。

また、周りが人の悪口で盛り上がっているとき、自分はそう思っていないのに、つい一緒になって悪口を言ってしまったこととかないやろか？　空気読めないとか思われるのがイヤやってな。

でも、行きたくないと思うなら、行かない。

思っていないなら、自分に嘘をついてまで言わない。

これが大事なんや。

周りの目、人の気持ちを優先しそうになったら、自分の気持ちを優先することを自分に許してあげてみい。

それが、自分を大切にするということ。

人のことより、まず自分を大切にしないとあかんで。

衝撃的な発見！

ある日ボクは気がついた
ワン
ワン
ワン
リードにつながっているからボクを襲うことはできないんだ
ワンワンワン
誰も傷つけることはできない
ワンワン
ワン
なぁんだ～

傷つかない自分になる

クラスで目立つ一軍女子の集団、すぐに群がるママ友集団、どこへでも連れ立っていく会社の同僚……。そんな集団に入れない、怖くて話しかけられないと悩んでいる人もいるやろ。

これをカウンセラーに相談すると、「過去にいじめられたことが原因で、今も集団に対する恐怖心や防衛反応が働いてしまうんだよ」というアドバイスをもらうかもしれへん。

そう言われると「恐怖心や防衛反応が悩みの原因なんだ」と納得するかもしれないけれど、納得したところで、集団が怖くなくなるわけではない。

悩みの原因を知るって大切なことや。それがわからなければ解決できないからな。

でも、原因がわかっても、「じゃあどうすればいいの？」って何も解決できていないのが現実や。


まずな、「自分はなぜ、話しかけないのか?」と考えてみい。

無視されるとか、話が合わないとか……。つまり自分が傷つきたくないから、話しかけないという選択をしているのかもしれないやろ。

そうだとしたら、話しかけないことで、自分を守っているわけや。

それ、悩むことではないやん。


それでもまだモヤモヤしてしまうなら、結局、キミは仲間に入りたいわけや。

それなら、声をかければええねん。

そこで断られても、傷つかない自分になればええねん。


「どうしたら傷つかない自分になれますか?」

と聞かれても、そんな方法はないで。

「傷つかない自分になる」と決めるだけやからな。

そうは言うても、「私は傷つくんです」って思っているやろ？

違う違う、**そもそも人は、傷つかないんや。**

前にも言ったけれど、**自分と他人は違うんやから、他人が自分と違うことを言うのは当たり前。違う感覚を持っているのも当たり前やで。**

「あなたはそう思うんですね」

何か言われたとき、そう思えばいいだけや。

何を言われても、「それはあなたの考えであって、私は違う」と思えたなら、もうキミが傷つくことはないんや。

気遣いは無用!?

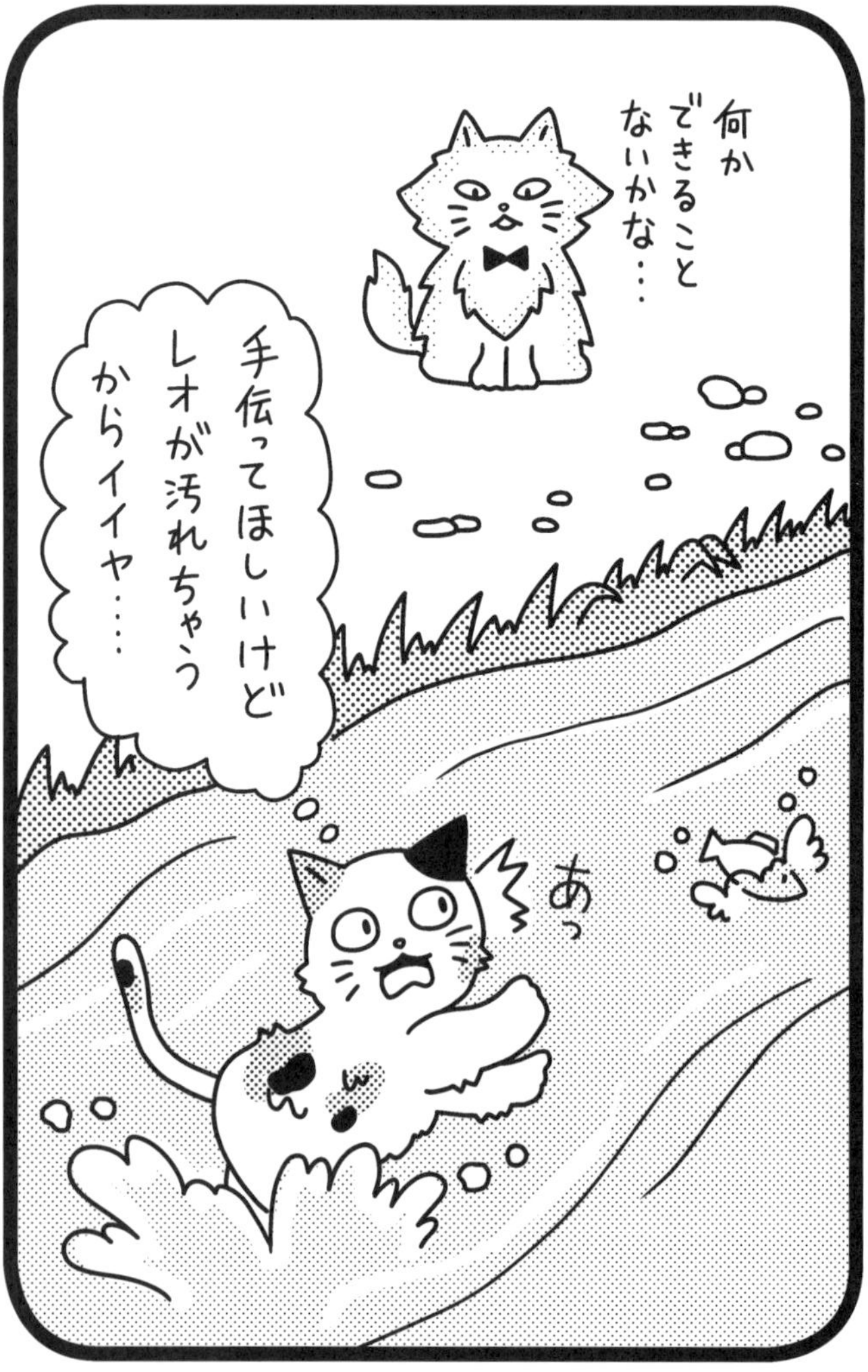
何かできることないかな…
手伝ってほしいけどレオが汚れちゃうからイイヤ…
あっ

一瞬で現実が変わる方法

「人に頼るなんて、甘えている」

「少し体調が悪いくらいで休んだら会社に迷惑をかける」

「自分一人で頑張れば、なんとかできる」

そんなふうに思い込んでいる人は多い。せやけどな……。

行き詰まったときは、一人で頑張るより周りの人の力を借りたほうがいい結果につながることもあるんや。


キミたちは物心ついた頃から「頑張らないといけないよ」「頑張る人が偉いんだよ」と「頑張る方法」をずっと教育されてきたんやけど、「人を頼ること」や「自分から人にお願いすること」は教えてもらってないんや。

「人に助けを求める」と聞くと「甘えている」とか「依存している」などネガティブ

なイメージを持つかもしれないけれど、そんなことはない。

今まで、キミが誰かを助けたときのことを思い出してみぃ。

どんな気持ちやった？

「役に立ててよかったなぁ」って、まんざらでもなかったやろ？

人に何かを頼むと相手が迷惑するって思うかもしれないけれど、実は相手に喜んでもらう行為でもあるんや。


もうひとつ大事なのは、「頑張れば認めてもらえる」と思ってないかってことや。

子どもの頃、何かできたときだけ親に認められた人は、大人になっても認められたくて頑張り続けてしまうねん。

でも「キミってすごいな」と言われて満足しても、すぐに「もっと褒められたい」「もっと認めてもらいたい」と無限ループにハマるんや。

なんでか言うたら、キミがキミを認めてないからや。

まず、キミ自身が自分を認めるのが先なんや。

頑張らなくても、自分は認められている。
そう先に決めるんや。

一人で頑張らずに、人にお願いしてみる。甘えて頼ってみる。

もしキミが頑張り屋さんなら、それだけで世界がガラッと変わるで。「世の中は自分に優しいな～♡」ってな。

疲れたときは休んでええし、全部自分でやらんでもええし、わからなかったら、人に聞けばええんや。

自分の世界（枠）に閉じ込もって考えているより、世界はどんどん広がっていくで。

わかり合える幸せ

共感し合うってすごい！

「頑張りすぎないでね」って言われるよりも、「あなたが頑張っていること、ちゃんと知っているよ」って言われるほうがホッとするやろ？

これが、共感（共振）の力や。

信頼する人と共感し合えたら、お互いのハートが開いてエネルギーが自由に交換されるんや。そして、自分とすべての存在の間にある深いつながりに気づけるんや。

ところが、何かトラブルが生じて関係がギクシャクしはじめると、胸の辺りが苦しくなる。これはハートが閉じてしまうからやねん。

ハートが閉じるとエネルギーが停滞するから、不安を感じたり無気力になったりするんや。

せやけど仲直りをしたり、自分の気持ちをわかってもらえたとき、キミのハートは再び開かれて、また愛が流れはじめる。

ハート（魂）が奏でる愛の振動は、相手のハートに伝わり共振し合うんや。

運命の相手と出会うとき、身体にある7つのチャクラが密接に関係していて、それぞれのチャクラは次のように働く。

第7チャクラ（頭のてっぺん）が振動し、大いなる自己が運命の相手と巡り合わせてくれる。

第6チャクラ（眉間の真ん中）が振動し、直感やシンクロニシティに導かれる。

第5チャクラ（喉）が振動し、相手と会話したくなる。

第4チャクラ（ハート）が振動し、親しみや愛情を感じ、共感するようになる。

第3チャクラ（胃）が反応し、嫌われないかと不安になったり、独占したくなったりと、自我が働き感情的になる。

第2チャクラ（生殖器）が反応して、性的な魅力を感じはじめてセックスしたくなる。

第1チャクラ（尾《び》てい骨）にエネルギーが降りてきて、この人と、この現実で、地に足をつけて一緒に歩いていきたいと思う。

こんなふうに、**エネルギーはチャクラを通して、上から下へ降りてくる。**

「恋に落ちる（fall in love）」って言うやろ。それはエネルギーが流れ降りてくるからや。

この流れは、恋愛や結婚にかぎらず、インスピレーションが行動に落とし込まれて現実化してくるプロセスでもあるねん。

パートナーシップにせよ、ビジネスにせよ、新しいものが創造されるときは、この法則が働いているんや。

どれが本音？

ごめん遅くなっちゃった
…
怒ってる？
怒ってないよ
こないだも遅くなったんだよな
ボクより大事なことがあって
ボクは後まわしなんだ…
めんどくさ
はっ!!
やっぱりボク…怒ってる

本音を見失うと人間関係がこじれる

人間関係が一番こじれるのは、本音でコミュニケーションをしなくなったときや。

「言わなくてもわかるでしょ」って感謝を伝えなかったり、「イヤだ」ってきちんと言えなかったり、「やってほしい」という思いを言葉にできないと、いつの間にか誤解やすれ違いが生まれてくる。ほんで、ほんまに伝えたいこととまったく違うことが相手に届いてしまうんや。


たとえば、キミの誕生日を彼が忘れていたとする。

そのときキミは思わず「私より仕事のほうが大事なんでしょ」とか「私なんてどうでもいいんだ」などと、彼を責め立ててしまった。

すると彼は「そんなことないよ」って一生懸命キミをなだめるかもしれないし、売り言葉に買い言葉で「いい加減にしろよ！」って怒り出すかもしれない。

いずれにせよ、キミの気持ちを収める言葉ではないはずや。

だって、キミ自身が本音を言っていないんだから、しゃあない。

キミの本音は「一緒にお祝いしてほしかった」とか「寂しい気持ちをわかってほしかった」ということやろ？

その思いをそのまま言えたら、彼も「ごめんね。明日こそ一緒にお祝いをしよう」なんて言ってくれたかもしれへん。

せやけど、その本音を言えないから、どんどんわかり合えない関係になってしまうんや。

問題は、キミ自身が自分の本音をわかっていないということや。

最初から「一緒にお祝いしてほしかった」と言えないってことや。

「本当は、私はどう思っているのか」

それをちゃんと自分自身に問い続けないと、なかなか本音とつながれないんや。

「本当は、どう感じているんだろう？」
「この人は、何をわかってほしいんだろう？」

こんなふうに自分と相手の心の声に耳を傾けるんや。
すると、思い込みで聞いていたときとは、まったく違う声が聞こえてくるで。

求めるほど逃げられる!?

なんでボクを見てくれないの――っ!!
なんで認めてくれないの――っ!!
もっとボクをわかってよ――っ!!
めんどくさ
あれ‥
なんでボクだけ一人‥‥。

自己肯定感を高める超シンプルな方法

パートナーとの関係でつまずく最大の理由は、キミの自己肯定感が低いことや。

じゃあ、**自己肯定感を高めるためにはどうしたらええかと言うと、親に与えてほしかったことを、自分で自分に与えていくしかないねん。**

親に与えてほしかったこととは、

「認めてほしい」

「わかってほしい」

「愛してほしい」

「甘えたい」

といったシンプルな欲求やな。

その欲求が満たされないまま大人になると、それをそのままパートナーに求めるようになってしまうんやで。

でもな、そんなことを求められたら、相手だって重たくなるやんか。

そして挙句に「どうせ私なんて誰からも愛されない」とか「どうせ私を愛してくれない」と自分と相手を責めはじめる。

こうしてケンカになってギクシャクして、破局まっしぐらや。

つまり、自らパートナーとの関係を壊していく羽目になるんや。

せやからな、ほしかったものは、自分で自分に与えることが大事。

「私は認めてほしいと思ってるんだね」

「私はわかってほしいと思ってるんだね」

「私は愛されたいと思ってるんだね」

「私は甘えたいと思ってるんだね」

こういう欲求を、「そうか、そうか」ってどんどん自分で受け入れてあげること。

めっちゃ簡単やろ。

寂しがっている自分がいちばんほしがっているのは、自分からの「愛」なんや。

「ほしいほしい」と思っていた欲求を、自分で認めて受け入れていくと、根底にあった「どうせ愛されない」という意識から、「私は愛されている」にシフトしていく。

そして、「愛される」という現象が起こるようになるんやで。

悲しい結末

モモちゃんの行きたいとこ行こう！どこでもいいよ！
オッケイ
右ね！
左ね！
イイネ
次はここ？
お家よ
アッ
送ってくれてありがとう

尽くすほど嫌われる

好きな人に尽くす人って、多いみたいやなぁ。

「彼のためにやらなくちゃ」「彼が喜ぶからやってあげよう」「私がいないとダメだから」……なんてことを言いながら、自分より彼を優先して、あれこれ世話を焼くタイプや。

そういう人は「尽くすことで私は幸せ」って思っているだろうけれど、本心やろか？

「これだけしてあげたんだから……」と見返りを求めていない？

「こんなにしてあげたのに！」と恩着せがましくしていないやろか？

尽くす人というのは、実は相手への要求が多くなってしまいがちなんや。

せやから、尽くされれば尽くされるほど、相手は重たくなって逃げ出したくなる。

それって、幸せから遠ざかってるやん!!


彼のために尽くしているつもりかもしれないけれど、自己満足だと自覚せなあかん。

全然、彼のためやないで。

それどころか、尽くすことで、彼の力を奪ってしまっているんや。


尽くされる彼は、たいていダメになるって知っているやろか。

彼の「できること」も「したいこと」も「やってみたいこと」も「ちょっと頑張ればできること」も、全部「あなたのためよ」と言って、尽くしたい人がやってしまうからな。

それは、**彼からどんどん「問題を解決する力」を奪っていくねん。**

ほんで結果的に、骨抜きにされてしまって「尽くしてくれる人がいないとあかん男」になってしまうんや。

彼のためを思って行動するのは、めっちゃ素敵なことや。でも彼が「できること」

「やりたいこと」を奪わないのも大切なことなんやで。

ちなみに、男性の本能は獲物を追いかけたいハンターやから、女性に尽くされ過ぎると魅力を感じなくなる。逆効果やんか！

せやから、**「俺は愛されてる（尽くされてる）」**だけじゃなくて、**「俺が愛してる（尽くしてる）」という感覚を感じさせてあげることも大事や。**

そのためにはどうすればええかと言うと、**もっと彼に頼ったり甘えればええねん。**

「できないからお願い」とか「これをやってくれたら嬉しい」とか言って、たくさん彼の力を引き出すことや。

彼に尽くさずに甘える。自分を大切にするということは、男性にとっては頑張れる喜びになることもあるんやで。

気に食わない！

おい チビノラ
魚取りに 行くぞ 早く 来いよ
いつも ドンクサイよな ドジネコ
あ…あの…
ムカッ
あのさぁ
ノロマだし チョコチョコ 歩くし
でもまぁ それがお前の ペースだもんな
え？ あ、うん そう …かな
バカにされたような ほめられたような

人との違いを受け入れるまで、幸せはやってこない

自分の家をリフォームする音は気にならないのに、隣の家の修理工事の音にはイラッとする。どちらも同じ「騒音」なのに、不思議やと思わへん？

実は、気にくわない出来事や嫌いな人がいるのではなく、自分が「気にくわない」とか「嫌い」という解釈をしているだけやねん。

「なんで気にくわないって、感じるんだろう?」

自分にそう問いかけて内観することから、目覚めがはじまる。

気にくわないとか、嫌いという感情は、相手のせいじゃなくて、すべてキミの中で起きていることなんや。

「相手に腹が立つ」って言うけどな、自分の腹を立てとるのは自分やろ!? 自分の問題やん。

これが腑《ふ》に落ちてくると、目の前の相手に悩まされているんじゃなくて、自分の中にある観念、思考の産物に悩まされているということに気づく。

キミ自身が持っている「意味」や「価値判断」が、そのままキミの受け取る「現実」なんやからな。

たとえば、自分と正反対の意見を言われたり、あるいはＳＮＳ上のコメントで自分と異なる意見があれこれ飛び交っていることがあるやろ？

それらはすべて、自分の中に映った「意味」や「価値判断」だってことに気づかないと、「こいつ、何をぬかしとんねん！」と、その人に対してイライラしてしまうんやな。

そやけど、しょせん「自分の中で起きている」ということがわかると、どんなに自分と意見が違っていようが、気にならなくなる。

相手は相手のままでＯＫだし、自分は自分のままでＯＫなんだって、気楽に捉えられるようになるはずや。

平和というのは誤解されるところがあって、みんなが笑って手をつないでいるようなイメージを持っている人が多いけれど、違うんや。

互いの違いや個性を認め合って存在しているのが平和ということや。

みんなが違うから争いが起こるのではなく、みんなが同じであろうとするから争いが起こるんや。

相手を変えたら自分はハッピーになる、自分を変えたらハッピーになるという幻想は、早く捨てたほうがええで。

幸せを感じるのに条件なんていらんねん。

というより、幸せになるためのさまざまな「条件付け」を取り払い、まっさらな自分にOKを出せたときに、揺るぎないほんまの幸せが現れるんや。

きみはどこにいる？

モモと一緒にいれば
寂しくないって
思っていた。
でも、一緒にいれば
いるほど、
モモとボクはちがうって
気づいてしまうんだ。

なんで彼女はいつも怒っているんだろう？

いつも怒っている人や不機嫌な人がそばにいると、何か自分が悪いことをしたような気がしてくるよな。

そんなとき、キミにできることはただひとつ。

その人に「悲しかったんやね」と心で伝えて、静かに祈ってあげるだけや。

なぜなら、「相手がイライラしている」のは相手の問題で、キミの問題ではないからや。

相手のことは相手の問題として、置いておけばええねん。

一方で、イライラしている相手を前にすると、「自分のせいかも」と思ってしまうなら、それはキミの問題ということや。

後ろめたいことがあるとか、被害者意識があるとか、何か自分の中に「自分のせい」だと思う理由があるんや。

大切なのは、「自分の問題」と「相手の問題」を分けて考えてみることや。

自分の問題だと思ったなら、自分に引き寄せて考えてみる。そうでないなら相手の問題として、相手にお任せすればええねん。

けっしてキミが相手を不機嫌にさせているわけでも、怒らせているわけでもないねん。


じゃあ、なんでその人は怒ったり不機嫌なのかと言うと、ひと言で言うなら、その人はただ、かまってほしいだけなんや。

寂しいんや。

わかってほしいんやな。


キミに対して怒っているように見えても、それはその人がほんまに「わかってほしい人」に向かって「わかってくれよ！」と叫んでいるだけや。

「わかってほしい人」というのは、ほとんどの場合、「母親」や。

少し前の項目でも触れたけど、**「オカンにわかってほしい！」という叫びを、たまたま目の前にいるキミに向けているだけなんや。**

とは言え、その人があまりにもひどいようなら、キミは、キミ自身を守るために、勇気を出して、その人から離れてええんやで。キミが責任を負うことではないんやからな。

その際、「もう我慢しなくていいんだよ。もう責められなくていいんだよ」とキミがキミ自身にＯＫを出してから離れることや。

幸せはいつもキミの心（ハート）が決めるんや。

どうせどうせ……

なんだよ
レオと一緒のときのほうが楽しそうじゃないか
レオばっかりずるいよ
レオばっかりいいな
ボクと一緒にいてもつまらないんだ

嫉妬は吉兆！

相手をうらやましいと思って嫉妬するのは、いいサイン、吉兆や！

そんな感情が湧いてきたときは、立ち止まって自分の心をよ〜く見つめてみぃ。

誰かをうらやましく思う気持ちの底には、「本当は自分もそうしたい」という素直な望みがあるはずや。

スポーツにまったく興味がない人が、八村塁《はちむらるい》を見ても嫉妬しないやろ？　羽生結弦《はにゅうゆづる》を見て嫉妬しないやろ？

心がざわつくのは、相手がキミに近い存在で、その人と同じ可能性がキミの中に眠っていて、それを自分が知っているからや。

心がちゃんとそれを知っているから、反応したってことや。

せやから、身近な人が成功していくときは、うらやむかわりに「**次は私の番だー！」と思っておけばええねん。**よかったな♪

すがる思い

モモちゃん！
ボ…
ボ…
ボクとつきあって下さい！
やーよ
ガーン
なんでもするよー
どうしてボクじゃダメなのー
うぉうぉうぉう

人生のハンドルは自分で握る

車に乗って気分が悪くなる人がいるやん。

あれ、なんで気分が悪くなるんやと思う？

それは、自分でハンドルを握って運転していないからや。他人の運転に任せているから、酔ってしまうねんな。

人生も同じで、ストレスがたまって気分が悪かったり、うまくいかないときっていうのは、他人に〝振り回されている〟ときなんや。

人間関係に酔ってしまうのは、相手に自分の人生のハンドルを明け渡してしまっているからや。

つまり、自分軸で動いているかどうかってことや。

人生のハンドルは、ちゃんと自分で握ってないとあかんわけや。

そうじゃないと、何か問題が起きたときすぐ相手のせいにしてしまうねん。たとえば、彼から別れを告げられた場合、「なんとかしてよりを戻したい……」と復縁を迫ってよけい避けられ、その腹いせに「あいつは最低だった」と周りに言いふらしたりしてな。

これって、自分軸と違うやろ？

自分軸を持つというのは、彼がいる・いないにかかわらず、どんな自分でありたいのか、どんな生き方をしていくのかを決める!!　ってことや。

これが、自分の価値を認めるってことやねん。

彼がいないと自分に価値がないと思うなら、自分の価値を認めていないということや。

自分が自分の価値を認めていないのに、誰が自分の価値を認めてくれる？

自分というハンドルをしっかり握り、キミのいい面も悪い面も、すべて自分の価値として認めれば、あとから自然と現実は変わっていくものなんや。

「最近、彼女は魅力的になったね」とか「楽しそうだね」というふうにな。

自分のハンドルを握れているかどうかは、「感覚」や「気分」が教えてくれるで。
もし、ちゃんとハンドルを握っているなら、心に爽快感やスッキリ感があるはずや。

モヤモヤしているなら、他人軸。
スッキリしているなら、自分軸。

モヤモヤ（他人軸）をスッキリ（自分軸）に変えるには、「相手（世間）が言っていること」ではなく、「自分がどう感じるか」を軸にすること。
「嫌われたくない」「誰も傷つけたくない」「正しくありたい」と他人軸でいる限り、結果的に自分も含めて誰も幸せにできへんで。

つまり、自分軸で考えたほうが、誰かを幸せにできる。
周りの人を幸せにできるのは、自分を幸せにできる人だけなんや。

自己不信

ボクは
モモにフラれた
自分はダメなヤツだと思っていたけど
モモと一緒にいられる時間は
なんだか誇らしいとさえ感じた
ボクはダメなヤツじゃない
そう思えたんだ
だけど・・・
モモはボクを選んではくれなかった
ボクはやっぱりダメなヤツだ

本当は自由の中を生きている

社会の中で、キミは役割を持って生きている。たとえば「母親」や「父親」やったり、「妻」「夫」「部長」、はたまた「長女」「デキる仕事人」「優しい先輩」などなど。それはただの「役割」だったのに、いつの間にかそれを忘れて役割と同化してしまい、その役割を演じることが重苦しく、シンドくなってくる。

これが現代人の最大の病、〝深刻病〟や。

「人生はこうあるべきだ」「このままの自分じゃいけない」「今の仕事はつらいけど、生活のために辞められない」「とにかくこの現実をなんとかしなければいけない」……なんて考えれば考えるほど、深刻になる。

さらには家族や友人の問題、健康やお金の心配、将来の不安、目の前の障害……と深刻さを生むさまざまな心理的な柵《しがらみ》を抱えている。

そしてみんな、そういう柵から自由になりたいと思っている。

でも、よう見てみぃ。

そもそも、そんな柵、存在しとる？

キミたちは、実は存在していないはずの柵を「現実」だと思い込んで縛られているんや。

「幸せな家庭とは、こうでなければいけない」「長女はしっかりしなくちゃダメ」「会社のために乗り超えなければ！」……こんなふうにキミたちの言う「現実」は現実ではなく、役割が生み出した「思い込み」や「憶測」のことなんや。

存在もしていない柵という狭い牢獄に自分自身を入れておきながら、「ここから出して〜！　自由になりたい〜」と願っているわけや。ドＭにもほどがあるやろ。

狭い狭い柵に勝手に入っておきながら、勝手に自由にしてくれと言ってるだけや。

そんな柵、どこにあるねん。

「狭」という字は「さ」と読むやろ？　せやから自分を狭める柵が取れるのを「狭取《さと》り」って言うんや。

狭取る秘訣《ひけつ》は、自分の世界を狭める柵を取ろうと頑張ることではなく、そもそもそんな柵は存在していなかったと気づくことや。

あとは、それを受け入れる柔軟な心があれば、最高や！

柳のようにしなやかに。

水のようにとらわれず。

柳のように折れない心を育《はぐく》むのは、水のようにしなやかで柔軟な心なんや。

男性原理に封印されてきた女性原理

古代ギリシアの哲学者、プラトンによると、はるか昔、人類がこの地に誕生したときは「両性《りょうせい》具有《ぐゆう》」であったと言います。しかし、人間の自我があまりに肥大化してしまったことから、神が人間を男性と女性の2つに切断。そのため、半身は本来の「完全」な姿になろうと、もう一方の半身を求めるようになったのです。

この失われた半身（もう一人の自分）を求めることが「エロス（愛）のはじまり」と言われています。

それ以来、男性性と女性性はときに必要とし合い、ときにすれ違い、争い続けてきました。

男性性と女性性をさらに抽象化すると、昼（太陽＝生）と夜（月＝死）、理性と感性、火の文明と水の自然、外側（時間軸）と内側（生命軸）、一神教（天の父・キリスト教など）と多神教（地の母・アニミズム・龍など）という相対関係になります。

愛を知るコラム②

古代には、女神（女性性）中心の世界が存在したのですが、ここ数千年は男性原理（父の力）の文明が築かれてきており、女性原理（母の力）は隠されてきました。

ギリシア神話の最高神・ゼウスの妻ヘラは嫉妬深い女神として有名ですが、元々は侵略された側の土着の地母神でした。ギリシアは侵略した土地を支配するために、自分たちの神（ゼウス）の妻として、ヘラ（土着の神）を再利用して、他の民族を統治したのです。

かつて東北地方には、映画『もののけ姫』に登場するアシタカのモデルになったアテルイ（阿弖流為）という、家族や郷土を愛する優しくて強い蝦夷《えみし》の英雄がいましたが、大和朝廷から見れば征伐の対象であり野蛮人でした。

何事も裏と表があるもので、神話に出てくる悪魔や悪神とは、もとを辿れば西洋ではキリスト教（一神教）に追いやられた土着の神々（多神教）なのです。

バビロニアの創世神話では、旧勢力の「女神ティアマト＝7つの頭を持つ巨大な龍」が、新勢力の「マルドゥク＝牡牛」に対立する悪神として退治されますが、キリスト教が台頭してきた中世ヨーロッパの時代にこの物語は、天使ミカエルが竜を退治する話に書き換えられています。

歴史は勝者が作ると言われますが、世界の神話を深く読み解いていくと、男性原理によって封印されてきた女性原理の世界が見えてきます。

人間関係とは、
他人を通して、
自分自身との
つき合い方を
学ぶ機会や。

相手に変わってほしい、
と思うけれど、
相手を変える
一番いい方法は……。

自分の
ものの見方を
変えること。

相手にくだす
価値判断は、
自分に対する
価値判断や。
すべての壁は、
自分の心の中に
あるんだよ。

3章

失ってわかること、そこにあるのに見えないもの

思い出ボロボロ

モモ…楽しそうにしてたじゃないか
うれしそうにしてたじゃないか
うっ…うっ…
なんでダメなんだぁぁあっ
うわあぁ
ああ〜っ
ZZZ

怒りはどこから来るの？

「ずっとそばにいる」と言ってくれたのに裏切られた！
「もう浮気しない」と言っていたのに、また浮気した！

信じていた相手から裏切られると、えげつない怒りの感情が湧いてくるもんや。前章で説明したように、怒りはわかってもらえなかった悲しみであり、愛してほしい心の叫びなんや。

何かをきっかけに怒りなどの感情が湧いてきたときは、**ただその感情を感じてみたらええ。**

「もっとオレを大事にしろや！」
「私、本当はすごく悲しかったんだよ！」

そんなネガティブな感情が湧いてきたとき、むやみやたらに否定したらあかん。

その感情をそのまま感じてみぃ。

過去に消化されなかった感情を成仏させるチャンスなんや。
今この瞬間、ネガティブな感情がそこにあることに気づき、静かに安らかに許してあげるんや。
ほんでな、素直に感じ切ったあとには、「今まで自分を守ってくれてありがとう」って感情さんに伝えてあげるんやで。

ネガティブな感情をしっかり感じ切って感謝すれば、キミが感情を手放さなくても、感情のほうがキミから去っていく。そして、成仏するんや。

感情が湧いてきたときに、その感情を無視したり否定したりして最後まで感じ切ってあげないと、心の奥にずっと残ってしまうねん。すると、何かのきっかけを見つけて「ちゃんと私を感じてよ！」とひょっこり出てくるんや。

キミをカチンとさせる人物は、敵でも加害者でも競争相手でもなく、キミが過去に

捨てた感情を届けてくれた素敵な「協奏《きょうそう》相手」やねん。せやから、素敵という字には、ちゃんと「敵」が含まれているやろ。

こういう話を聞くと、感情が完全に消えるまで必死になる人がいるけど、ネガティブな感情はあってもええんやで。

そもそも、感情に「いい」「悪い」なんてないんやから、「こんな感情を抱いてはいけない」などと自分を責める必要はないねん。

大事なのは、「どんな自分（感情）も認めてあげる」ことや。

好きが止まらない！

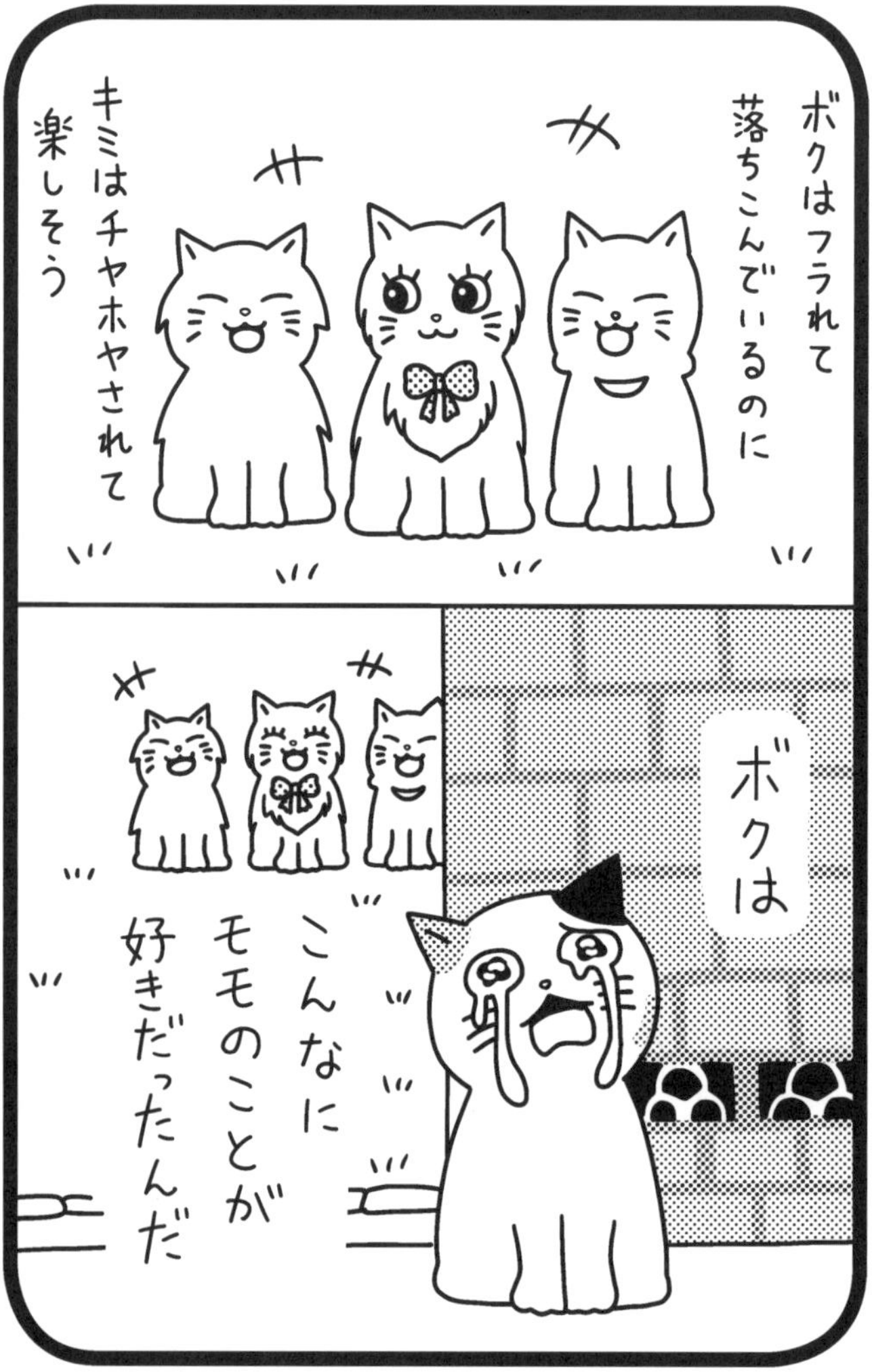
ボクはフラれて落ちこんでいるのに
キミはチヤホヤされて楽しそう
ボクは
こんなにモモのことが好きだったんだ

嫉妬するほど相手を思っている

相手を恨みたくなるような気持ちが湧いてきたときは、自分の心を見つめるええチャンスや。感情は自分を知るための情報源やねん。

恨みや憎しみは他者に向けると被害者意識になるけれど、「なぜこんなに恨んでいるんだろう」「なんでこれほどまで憎いんだろう」と自分に向けて内観すれば、「それほどまで相手を思っているんだ！」と自分が気づくためのヒントに変わるんや。

つまり、「恨み・憎しみが湧いてくる」＝「こんなに苦しいのはあいつのせい」ではなく、「こんなにも自分は相手のことを思っていたんだ」「こんなにも自分は相手のことが好きなんだ」という気づきに変わるんや。

それがわかると、キミの現実は恨みや憎しみに振り回される「被害者」から「自分を生きるクリエイター」に変わるわけや。

愛はどこにもない

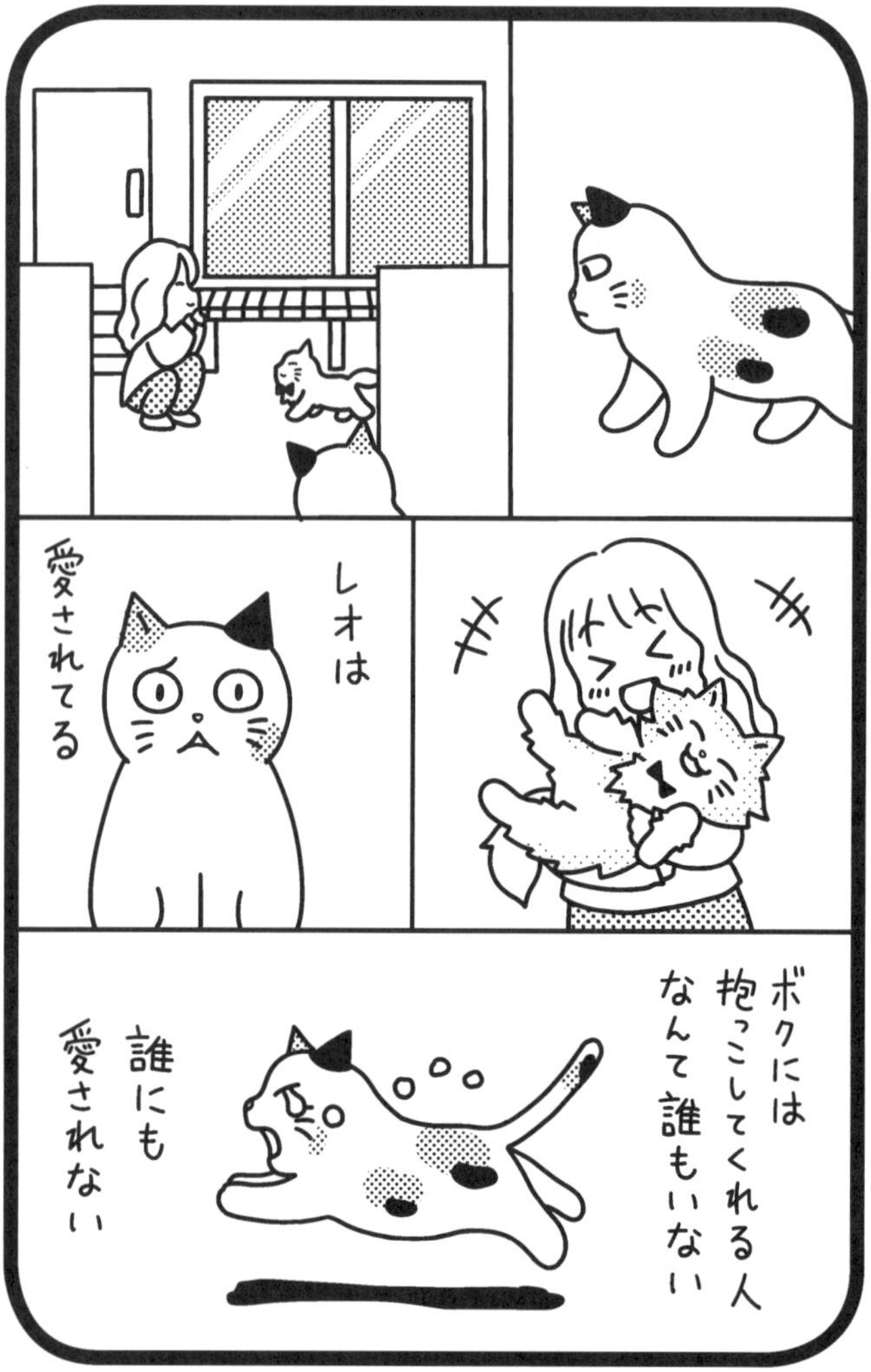

レオは
愛されてる
ボクには
抱っこしてくれる人
なんて誰もいない
誰にも
愛されない

答えは「ずっと避けていたこと」にある

もし、繰り返しやってくる「問題」に悩まされているとしたら、答えはキミがずっと避けていたことにある。

たとえば、Ａさんが「人に迷惑をかけてはいけない」と思っているとしたら、Ａさんは周りを気にせず、好き勝手やっている人にイライラするという問題を持っているはずや。

そんなＡさんの問題を解く鍵は、好き勝手する人を注意することではなく、実は「人目を気にせず好きなように行動したい自分」に気づくことかもしれへん。

もしＢさんが「グズグズしてはいけない。大人はしっかりすべきだ」という信念を隠し持っているなら、マイペースな人に振り回されやすかったり、子どもっぽい振る舞いをする人が受け入れられないという問題を抱えているはずや。

そんなＢさんの問題を解く鍵は、マイペースな人を変えることではなく、抑圧してきた感情や、子どもらしさを認めることかもしれへん。

もっとも抵抗（競争）している相手は、もっとも受容（協奏）したい相手でもあるということや。

そこに気づかずに、嫌いな人を遠ざけたり問題を無視したとしても、解決できていないから、また問題がぶり返すんや。

問題は、キミの考えや価値観の偏りに気づくために起きた。

キミは何を避けて、何を怖れて、何を「間違い」だと信じていたのか。
キミは何を目指し、何を「正しい」と信じ、何に偏っていたのか。

自分が何に反応したのかをよく見ていけば、答えは自ずと見えてくるで。

自分を優先することが正解ではなく、家族を優先することが正解でもない。

義務感を持って生きることが正解ではなく、好きなように生きることが正解でもない。

偏り過ぎることが、問題を生み出しているということなんや。

せやから、**「これは問題だ」と捉えるのではなく、「自分の偏りを戻すための抜き打ちテストが来た！」というくらいの感覚で取り組めばええんや。**

自分自身を自由にしてあげることができたら、他人への怒りも収まり、同時に自分に怒りを向けてくる人もいなくなるで。

ひとりぼっち

モモ…やっぱりいない…
ここにもいない…
お気に入りの場所だったじゃないか…
もうモモは
どこにもいないんだ…

大切な人との別れで感じる痛みとは

別れた相手を忘れられないときって、胸が引き裂かれそうにつらいやろ？　いても立ってもいられない。

でもその本当の理由は、**ただ、幸せだったときの自分に会いたいだけなんや。**

相手とよりを戻したいわけではない。

まだ好きなわけでもない。

幸福だった自分が忘れられないだけやねん。

相手を失った現実に耐えられないと、自暴自棄になったり、相手を恨んだり、自分の言動を悔やんだりしがちやけど、そんなことに時間を使うよりも、**相手を信じた自分、相手を愛した自分を褒めてあげたらええ。**

自分は、誰かを愛することができる素敵な存在なんやってな。

絶望という沼

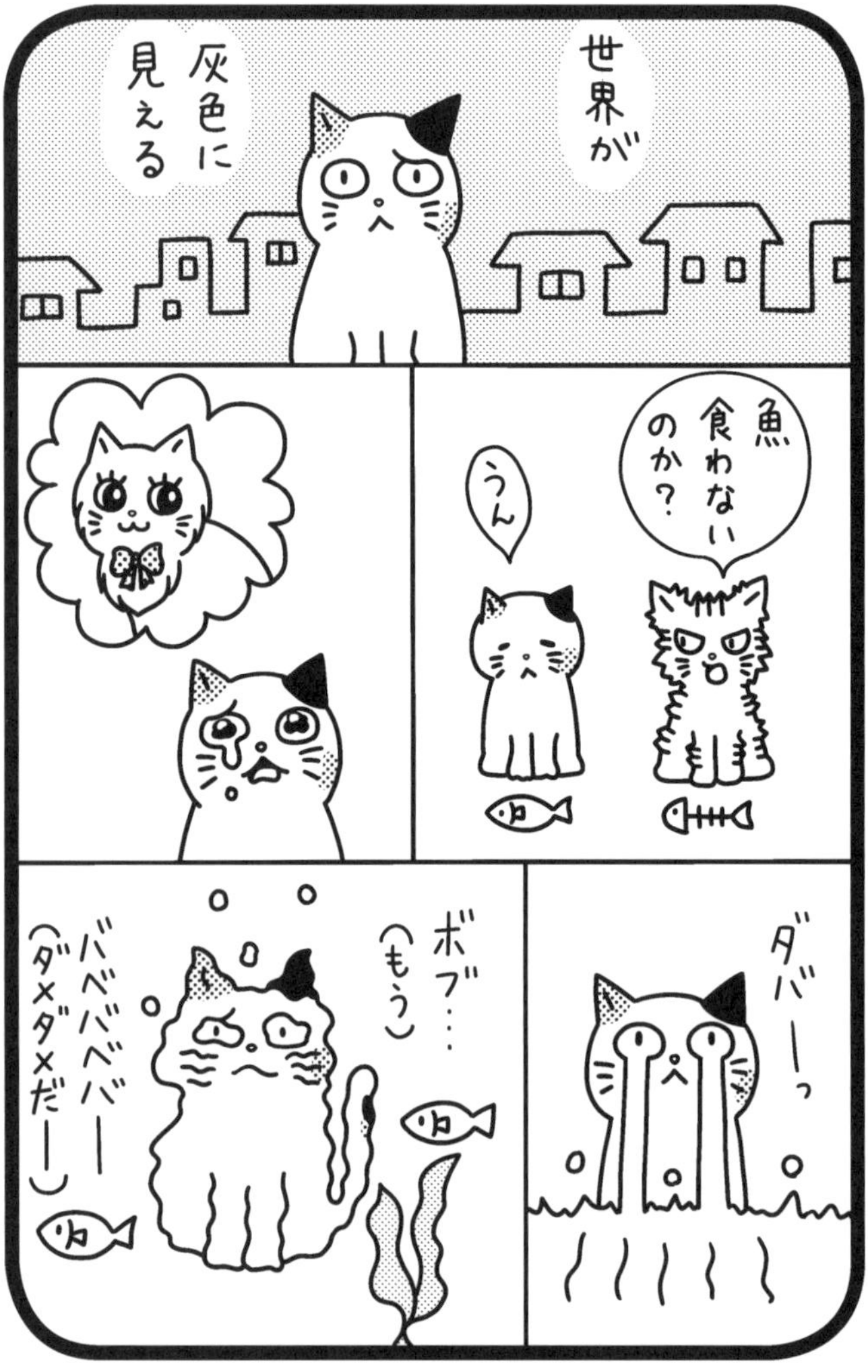

世界が
灰色に見える
魚食わないのか？
うん
ダバーっ
ボブ…
（もう）
バベバベバー
（ダメダメだー）

とことん落ち込んだ先にあるもの

人は進化する前に、必ず「深化」する時期があるんや。言ってみれば膿《うみ》出しをすることやな。

具体的に言うと、次のような出来事が起きたら膿出しの時期だと思えばええ。

・病気になる
・大切な人との別れ
・事故や災難に遭う
・失業や倒産、リストラ
・何もかもがうまくいかなくなる

いも虫がサナギを経て蝶に生まれ変わるように、人が生まれ変わるときは、このような出来事が起きて膿出しをうながす。するとそれまで持っていた自我が解体されて新しい価値観に作り変えられるんや。

せやから、そういう出来事が起きたら「膿を出すぞ！」「変わるときや！」って思ったらええ。

そうは言っても、そりゃあ怖いし悩み苦しむよな。

せやけどな、**悩み苦しんだ果てに「もういい、どうにでもなれ！」と開き直ったら、急に状況が好転しはじめることがある。**

これ、なんやと思う？

実は、この一連の流れの中に、人がゾーン（自我が消えて流れとひとつになる状態）に入り、夢を叶える方程式が隠されているんや。

①自我に極度のストレスがかかっている緊張状態

↓　悩む自分にほとほと疲れ切る

②自我が降参して、腹が決まる（覚悟）。開き直る

↓　リラックスと集中が同時に起こる

③ゾーンに入る
↓
④インスピレーション（閃《ひらめ》き）がやってくる。創造が起こる

問題を前にしたとき、自我が「ヤバイよ！　ヤバイよー」と出川哲朗ばりに抵抗したあと、「仕方ない、やるか」と腹をくくったり、悩むことに疲れ切って諦めたとき、自分の中にある古いものがごそっと落ちて、現実の流れが変わる。ほんでインスピレーションがやってくるんや。

ジブリ映画などの音楽を手がける久石譲《ひさいしじょう》という人は、新しい曲が創造されるプロセスをこう表現している。

「頭の中でこんな曲にしようと考えている段階は、あくまで入り口でしかない。作曲の本質は、もっと無意識の世界に入り込んで、カオスのなかで自分でも想像していなかった自分に出会うところにある。つくろうつくろうという意識が強いときは、まだ

頭で考えようとしているのだと思う」（久石譲『感動をつくれますか？』KADOKAWA）

RADWIMPSの『絶体絶命』というアルバムは〝絶体＝糸＋色＋体＝いとしきからだ〟、〝絶命＝糸＋色＋命＝いとしきいのち〟というダブルミーニングになっているんや。

これは、どれだけ絶対絶命でも「臓出し」の時期は何か新しいものを「生み出し」ているときであり、命が生まれ変わっている深化の時期なんだってこと。

せやから、ワシは**臓出しをネガティブな時期ではなく、「根がアクティブな時期」と呼んでいる。**

もし今後の人生で臓出しの時期が訪れても、何か新しいものを生み出しているんだと捉えて、目の前のこと（人）を大切にし、素直に生きていれば、必要なタイミングで必要な場所へ運ばれていくはずや。

いいじゃん
いいじゃん
ニャン
ニャン
ニャン

闇の中

「孤独」と「一人」の違い

孤独とは、一人でいることではなく、誰からも気にされていないと感じることや。

キミが孤独感や寂しさを感じるのは、物理的に一人だからではなく、精神的に誰ともつながっていない、心を通わせられていないと感じるからや。

つまり……、

「孤独」は誰かを求めて心がざわついている状態。

「一人」は心のざわつきのない自然体の自分に還ろうとしている状態や。

「一人」はキミを賢くしてくれるけれど、「孤独」はキミの心が置き去りにされているだけや。

自分にしかできない道を進んでいる人に共通するのは、「一人の時間を大切にする」という感性や。

自分自身に戻ってくつろぐとき、寂しさが入り込む余地はない。
寂しいどころか、生まれてはじめて心の底からの安堵感を得ることだってある。

我々は深いレベルで万物とつながっているからや。

人は基本的に「一人（ＡＬＯＮＥ）」や。
でも、「一人」は個人という分離した存在ではない。
より深いところを見れば「みんなひとつのいのち（ＡＬＬ ＯＮＥ＝全体の私）」につながっていることがわかるはずや。

あらゆる概念（言葉、思考、感情）を取り去ったあとに残るのが、「ひとつなる意

識（ワンネス）」や。

ほんまの共感とは、キミ自身（ＡＬＯＮＥ）と、生きとし生けるすべての命の間にある深いつながり（ＡＬＬ　ＯＮＥ）を感じること。

せやから、**人はまず一人であることを認めて、自分一人の中に深く入っていくことが、真の共感に通じる道なんや。**

「シェキナベイベー！」と愛を叫ぶ

いつまでもすがってんじゃねー——っ
フラれたくらいでいつまでもメソメソしてんじゃねーよ
バーカ！
モモだけが女じゃねー——っ！
シェキナベイベー
Nya-N
ポイッ
スッキリ
解決してないけどいいや…

弱音を吐けない完璧主義病

仕事でもスポーツでも、一度つまずくと途端《とたん》にやる気をなくして投げ出したくなってしまう人は、〝完璧主義病〟になっているかもしれへんで。

完璧主義って言うと、一見「物事をストイックにやり遂げる」といういいイメージがあるかもしれないけれど、実はその逆や。

「間違ってはいけない」「完璧にできて当たり前」と思い込んでいるから、少しでもできないと自分を責めてしまうんや。

それゆえ、慎重になり過ぎてなかなか行動に移せなかったり、腰が重くなったりしてしまうねん。

こういう人は、人間関係においても、「ちゃんとしなければ」といつも自分にダメ出しをして我慢しているから、きちんとしない人に対して不満を感じやすいんや。

たとえば、自由で楽しそうに振る舞う人にイライラし、「あの人は無責任だ。なんで私だけが責任を負わないといけないの？」などと相手を批判したくなる。

そら、人間関係もストレスを抱えてしまうわ。

完璧主義病の人は、子どもの頃から我慢させられることが多かったり、子どもなのに大人の役割をしていたりと、「いい子」だけれど、子どもらしさに欠けていたケースが多い。せやから、弱音を吐けず、甘えることも苦手だったりするねん。

人は誰でも、心の中に慎重で心配性で「〜すべき」という規律意識の強い自分（ブレーキ役）と、無邪気で奔放で感情を全開にして生きる自分（アクセル役）がいる。

そやけど、**完璧主義病の人は規律意識が強過ぎて、相手にダメ出しをして正そうとしがちなんや。**

規律意識が悪いということやないで。

ただ、それを強く持っていると、人は生きにくくなって苦しむことになるんや。

本来、人は自由で無邪気に甘えたい願望を抑圧せずに成長すると、情緒が成熟してバランスのとれた大人になる。

でも、甘えたい願望を閉じ込めたまま大人になると、情緒は未成熟のままや。ほんで、同じように自由を抑圧してきた異性に惹かれてしまうんや。

なぜなら、人は「同じものを持っている人」に惹かれるからや。「自分は求められている」と感じてしまうんやな。

けどな、しだいに矛盾した感情を抱くようになる。

たとえば、別れられないけれど一緒にいると不快だとか、恵まれて幸せなはずなのにつらい気分になるとか……葛藤で苦しんだりするねん。

そういう人は、まず**自分の思いを抑圧してきたことに気づいてあげることや。**

子どもの頃、ほんまは何を感じて、何がしたかったのか。

親や大人にどんな本音をぶつけたかったのか。

そういう思いを掘り起こして、置き去りにされた感情を取り戻すんや。

深く深く見ていくと、隠された自分自身への怒りに出会う。

幼い頃、ちゃんと本心をぶつけられなかった不甲斐ない自分への怒りや、自分に嘘をついてきた自分への怒り……。怒りのエネルギーが渦巻いていることに気づくで。

そんなときはな、**スピリチュアル的な「自分を愛する」「癒す」ということから入るよりも、当時の不甲斐ない自分に向かって、徹底的に、思い切り感情をぶつけてみるほうがええ。**

コツは「カッコつけないこと」、「いい人ぶらないこと」や。

たとえば、「都合が悪くなると、すぐだんまりかよ。何か言い返せ！」とか「変わる変わるって、口先ばっかで、全然、変わんねーじゃんか!!」とか「拗《す》ねて人の気を引いて、特別扱いされた気になってんじゃねーよ、バーカ!!」とかな。

思う存分、シェキナベイベー!!　しながら、世界の中心で愛を叫んでみぃ！

するとな、そのダイナミックな緊張のあとに、ゆるみ（癒し）がやってくるねん。

「だって私、本当は愛されたかったんだもん。わかってほしかったんだもん。そっかぁ〜ただ認めてほしかったのかぁ……。なんかもう悩むの疲れてきたわ〜。もういいか！　自分の好きなようにやるわ〜」ってな。

中途半端に癒しを求めるよりも、徹底的に落ちることで見えてくるものがある。

何十年間も染みついてきた完璧主義病をやめたいなら、**一度徹底的に自分を否定し、自分を追いつめてみると、現実の見え方がガラッと変わって人生が方向転換することがあるんや。**

不安が消えるとき

明日は魚とれるかな…ボクにモテ期はくるのだろうか…告白しないほうがよかったかな…でもボク頑張ったよね…
ギュッ
ノライヌ！
おい
ぎゃーっ
ハァハァ
バゥバゥバゥ
魚もモテ期も告白も必死な時は頭の中から消えてた…

うまくいかない人の共通点

うまくいかない人には共通点がある。

本当はやりたいことがあるのに、怖がってやらない。

本当はやめたいことがあるのに、我慢して続けている。

やりたいことをやることが、なぜ怖いのかというと、「切望」してやまないものは、実は「怖れ」ているものでもあるからやねん。

だから、夢が叶いそうになると、不安を覚えて成功を手放す人も多いやろ。

つまり、夢を実現させる最速の道を見つけたのに、「それは絶対に無理」「この道だけはありえない」と不安になって、自分が最速で道を閉ざしているんやな。

唯一で最速の道を最速で邪魔しておいて、別の方法で夢を叶えようとしても、そら叶わんで。

不安になるのは、明日がどうなるかを憂いたり、過去を悔やんだりするからや。だったら、まだ起きていない未来のことや、もう起きてしまった過去のことなんか気にせず、本当にやりたいことを今やってみぃ。

でも、もし本当にやりたいことがわからないなら、怖いからできないこと、無理だと思っていること、過去に諦めてしまったことなどを、徹底的に「意識化」してみたらええで。

紙に書き出してみるのが効果的や。

本当にやりたいことは、怖れていること、無理だと思っていること、諦めていることの中にあったりするんや。

本当にやりたいことが見えてきたなら、あとは自分で道を閉ざさずに、少しずつでええから、やってみること。

そして、我慢してやっていることを、勇気を出してやめることや。

これが「自分を愛する」ということやねん。

最初は清水の舞台から飛び降りるくらいの勇気が必要や。でもそこで覚悟を決めて、やってみるんや。

最初の一歩を踏み出せば、人生がガラッと変わるで。

陽だまり

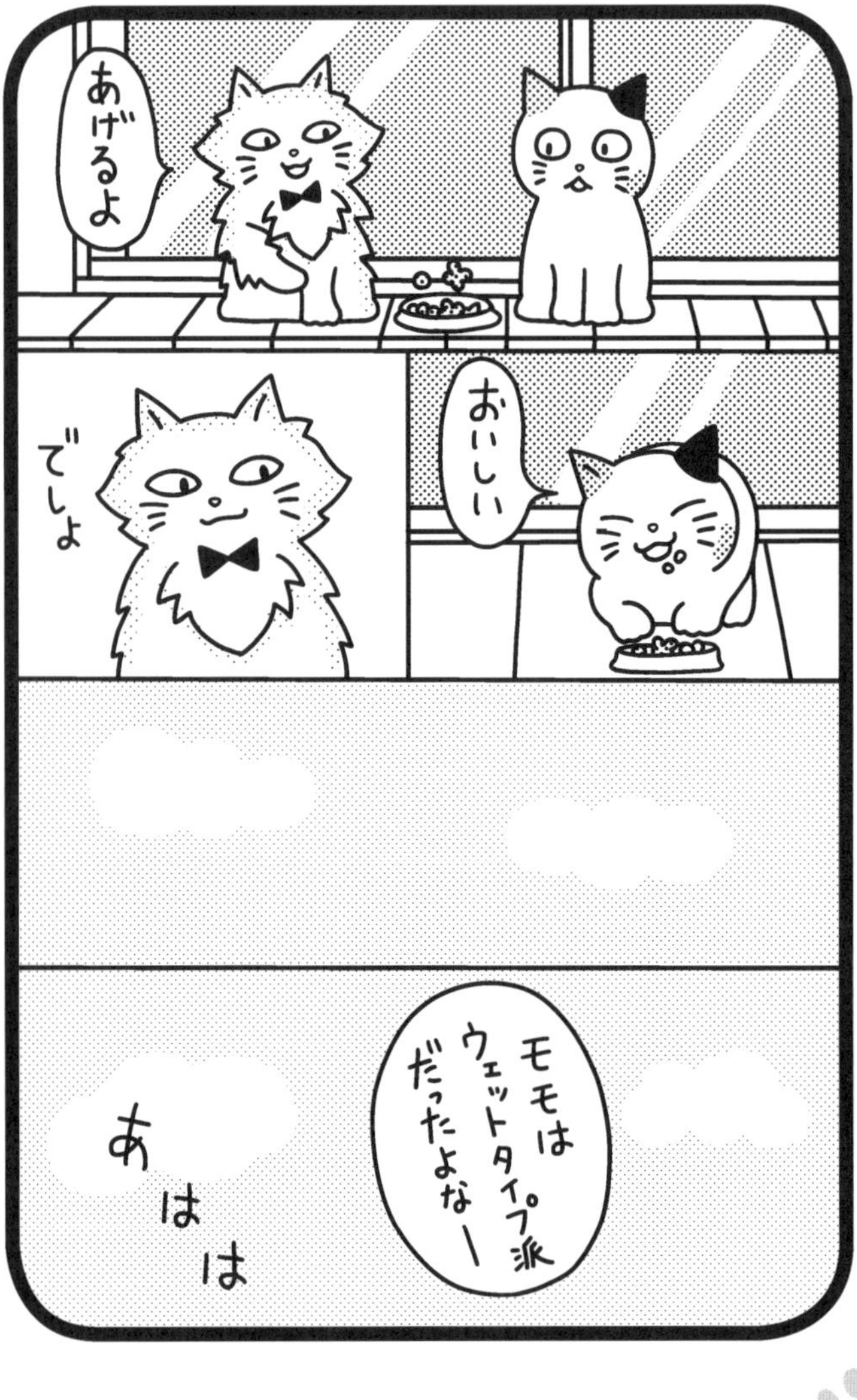
あげるよ
おいしい
でしょ
モモはウェットタイプ派だったよなー
あはは

「動」の幸せと「静」の幸せ

キミたちは、今が愛されていないから、愛されたいという思いがやってくると錯覚しがちやけど、実際は逆や。

愛されたい、という目標や願望それ自体が、愛されていないという現実を作っているんや。

つまり、**願いを叶えることで（自我が）自由になるのではなく、願いのないところに（自我からの）自由がある。**

目標を達成することで、外側の問題が解ける幸せのことを「動の幸せ」という。自分（自我）を強化する「動の幸せ」には、失敗や不幸が必ずセットでついてくる。

一方で、幸せにはもうひとつ「静の幸せ」というのがある。

それは内側が満たされて、問題（自我）が溶ける幸せや。

「静の幸せ」こそ、失敗や不安、不幸をともなわない、ほんまもんの幸せやねん。

「静の幸せ」と言っても、何もしないということではないで。

それは、掃除をしたりお皿を洗っているときだったり、仕事をしているときだったり、スポーツをしているときなどに、不意にやってくるものやねん。

動いていても心が落ち着いている、自我が鎮まっている状態や。

子どもの頃には「何者かにならなければいけない」なんて思わなかったやろ。ただ、野原を駆け回っているだけで幸せだったやろ。

それと同じで、**自我が鎮まると「なんとかしなきゃ」という自分が消えて、ほんまもんの幸せがやってくるねん。**

この「静の幸せ」を知ったら、今自分はすでに幸せの中にいることがわかるようになる。

今幸せの中にいるとわかれば、「明日こそはいい日にしよう」なんて思うこともなくなるやんか。

ほんで、今日という日に感謝できるようになるんや。

悩みにつぶされるボク

トラにいじめられたらどうしよう
明日ゴハンが食べられなかったらどうしよう
!
またイヌが追っかけて来たらどーしよー!!
!!
幸せな野良ネコライフとは…
うわーっ

悩むのは、考えるから

悩んでいるときって、いろいろややこしいことを考えてしまってつらいやんか。せやから、悩みを解消したいと思うけれど、**「悩むから考える」のではなくて、「考えるから悩む」んや。**

ほんまの意味で悩みが解消されるのは、問題が取り除かれたときではなく、自分がその問題への執着を手放したときや。

せやから、**考える隙間をあまり作らずに、やるべきことを淡々とやればええ。**

安心が訪れるのは、不安が取り除かれたときではなく、安心も不安も両方、抱きしめたときや。

平安に目覚めるのは「平安になろう」としているときではなく「なろうとしている自分」が消えたときなんや。

大空とボク

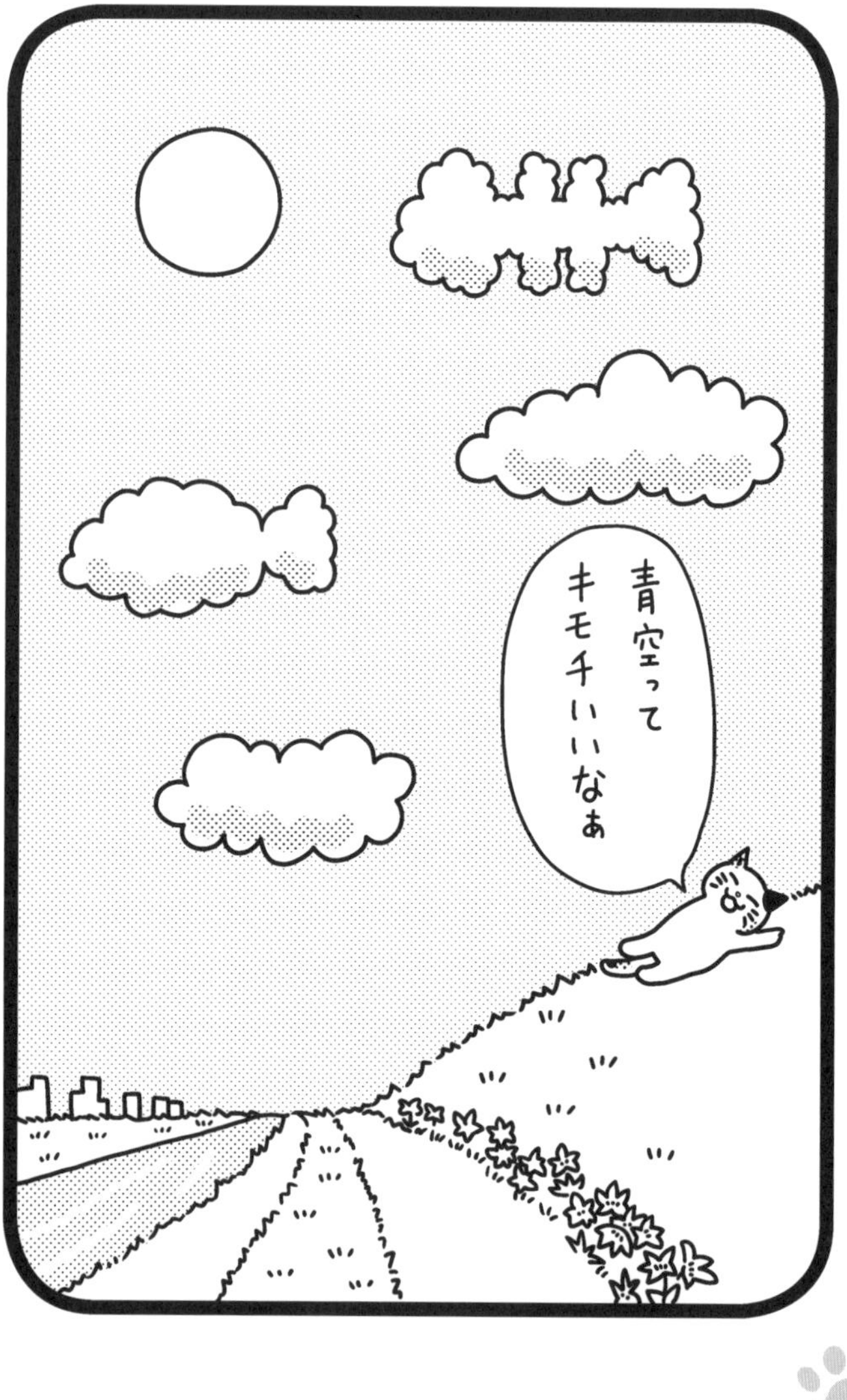
青空ってキモチいいなぁ

感情は雲と同じ

感情に振り回されそうになったら、感情を大空に浮かぶ雲だと思うとええ。
キミを悩ませる不安も苦しみも、すべては思考（自我）が作りあげた感情という雲や。
そやけどな、ありのままのキミは雲とは違う。
大空や。

大空には、そのときどきによってさまざまな雲が浮かぶやろ。
真っ黒な積乱雲もあれば、真っ白でふわふわなわた雲もある。
たいていの人は、大雨を降らせる黒い雲を嫌い、気持ちのいい白い雲を好むけれど、
大空には好き嫌いなんかあらへん。
すべての雲があるがままに、そして完璧なバランスでそこにある。

それらのさまざまな雲は、思い思いに大空に美しい模様を描いとるねん。

「自分は大空だ」という前提で雲（感情）を見れば、そこにさまざまな雲がただ現れては消えるだけやということがわかるやろ。

雲は時間の流れとともに輪郭が溶けてなくなるように、感情も時間の流れとともに消え去っていく。

せやから、**ネガティブな感情が出てきたときは、あれこれ考えて相手や自分を責めたり、また正当化したりせず、ただ感情を感じ切ってみい。**

湧いてくる感情（雲）を抑えずに感じ切って、大空の視点から我が子のように見守ってあげるとええんや。

感情の雲は、味わい切ると離れていくから。

ほんで、雲ひとつない青空そのものになるんや。

でもそうなるまでには、〝人間業界〟の感情をひと通り経験しないとあかんで。
傷ついてはじめて人の心の痛みがわかる。
孤独にのまれて涙して、はじめて人の寂しさがわかるんや。

せやから、間違ったり、失うこともときには大切やで。
それをせずして、青空を知ることはできないんや。
そうやってすべてを知り、すべてを受け入れると、それが愛だと気づく。
青空は愛や。

最初から与えられていたら、愛の強さも深さも理解できないんや。
一度なくして（忘れて）みて、たくさんの間違いを犯し、再び愛にたどり着いたとき、やっと愛の深さが生まれるんや。

日本に宿る叡智

今これまでとまったく質の違う新しい文明が生み出されようとしています。

新しいものが生み出されるとき、世の中は激震し、膿出しが起こります。今までの価値観が崩れはじめ、人類一人ひとりが意識の変革を促されます。金融も政治もすべてが危機的状況にあり、さまざまな人が、今後30年くらいの間に世界は一気に末期状態に向かうと言います。


これを仏教では「末法《まっぽう》の世」と言い、神道では「大祓《おおはら》え」と言います。

ただ、私は悪い方向に向かうと捉えてはいません。人々が本来の道を取り戻し、地球が癒されることでもあると思っています。

実際、新型コロナウイルス禍《か》で人間の活動が止まり、世界中の海や山、川がきれいになりましたが、そうやって地球を修復しようとしているのかもしれません。

そして、人々が「これだけは真実だ」と思っていたこれまでの常識が根底からひっくり返されることで、はじめて「未来の生き方（ひな型）」が育まれはじめます。

それは、自然との共生であり、本来の「宇宙の理《ことわり》」に基づいた生き方です。

「人類の生き残りのためには日本民族を見習え」

このフレーズは、１９６８年にＮＳＡ（米国家安全保障局）がしたためた草案だそうです。機密文書のためのちに公開されましたが、この中で、私たち日本民族が世界の生き残りのモデルになると言われているのです。

ここ十数年の間に、自然栽培、ファスティング・少食、断捨離、スピリチュアル・目覚め、マインドフルネスなどのワードがはやったのは偶然ではありません。これまで学んできたことを実践して生きる時期に入ったのだと思います。

新型コロナウィルスが蔓延し、人と会わない期間が長く続きました。これは自分しか登場人物のいない時間です。

この間にどれだけいらないものを捨てられるか？　また、それを危機と捉えるのか、修正の機会と捉えるのか、世の終わりと捉えるのか、新たなはじまりと捉えるのかは、私たちが選べます。


人類は今重要な分岐点に立っています。

私たちの心の奥底には、実は自分の想像を超えた「何か」が眠っています。

もし一人でも多くの人が未来を恐れる代わりに、明確な意志とビジョンを持てたら、そのビジョンは具現化します。

最後に力を発揮するのは個人を超えた何かなのです。

怒り、悲しみ、
不安、憎しみ……。
そんなネガティブな
感情が湧いてくると、
そこから逃げたくなるよな。

でも、本当のところ
「幸」「不幸」は存在しない。
キミの心が、
そう決めているだけや。
感情を否定したり
抵抗するのをやめて、
ただ感じてみる。

すると
現実はどうであれ、
恐れや不安が
弱まってくる。
人生に恐れることは
何もない。
気づくことが
あるだけや。

キミの
苦しんだ経験は、
必ず誰かの役に
立てるときがくる。
今苦しみの中で
もがいていたとしても、
やがて雨降って地固まり、
虹が輝く日が
必ず訪れるんや。

4章

すべては、愛だね！

恐怖の声

どこからかボクを責める声がえんえんと聞こえてくるのです
レオみたいにイケてない
ノロマ
ドジ
頼りない
短足
あわわ…
意気地なし！
ダサイ
毛がボソボソ
うるさいなーっ
ボクを苦しめるなーーっ！
あっ
どいつもこいつもボクじゃん
自分を責める声その正体は！
おあとがよろしいようで
ボク自身だったのです！
パチパチ
恐怖の声の巻

「今ここ」の自分に気づく

ネガティブな自分はダメだから、ポジティブな自分にならないとあかんとか、自信がないのはダサいから、自信を持たないとあかんとか……。こんなふうに自分にダメ出しをして、自分の欠点やできない部分ばかり見ていると、心がシンドくなるで。

だいたいな、キミにはええ部分もたくさんあるやんか。
そこを見てあげるんや。
そこを意識したほうが、気分がよくなると思わん？
結局、自分を苦しめているのは、自分なんや。

キミは、ポジティブでもネガティブでもないで。
「今ここ」の自分がほんまの自分や。

何かと比べることなく、「今ここ」にくつろげたら、気持ちが落ち着くはずや。「今ここ」の自分は、常にキミとともにいる。

たとえば、お金持ちの家に生まれて好き放題お金を使えたら、お金のありがたさになかなか気づくことはできないやろ。

それと同じで、「今ここの自分」は一緒にいるのが当たり前だから、ほとんど見過ごされてしまうんや。

せやから、気分が上がったり下がったりを繰り返しながら、当たり前にある意識、常に一緒にいる自分自身に気づこうとしているんや。

ほんまの自分とともにいることがわかれば、もう何者かになる必要はないねん。

「何者かにならなければ！」と思っていたのは、ほんまの自分を忘れていたからや。

でも、いちばん求めていたものが見つかったなら、それがゴールってことや。

もう、自分にダメ出しすることはない。
自信をつけなあかんと、焦る必要もない。
自分で自分を苦しめることは何ひとつない。

大きな愛の中に生かされているとわかったとき、はじめて自分の人生を生きはじめるんや。

鎧を着ていると……

おいチビ!
どけよ!
どんくさいなーっ
岩かよ!
岩‥
じーーっ
なんだよ?
いばってないと
怖いんだね
あっ
ギクッ

ボクはボクのままでいい

この世界は、「静」が「動」に憧れ、「自由」が「不自由」に憧れて、「ワンネス」が「分離」に恋い焦がれることによって創られた世界や。

肉体を持って生きるということ、つまり「肉体や思考を自分だと思って生きる」ということは、恋い焦がれた「分離」のバーチャルゲームの中に生きることに見事、成功したと言える。

ただ、**キミたちはそのバーチャルゲームにハマり過ぎてしまい、これがゲームであることを忘れて、さまざまな勘違いを作ったんや。**

自分には価値がない。

自分は人に愛されない。

自分には取柄《とりえ》が何もない……。

つまり、「愛がない」という勘違いや。

孤独になるのが怖いから、人気者やすごい肩書きの人と友だちになろうとしたり、自分は価値がないと思い込んでいるから、人に認めてもらおうとするねん。

友だちづき合い、近所づき合い、ママ同士のつき合い、職場やパート先の人間関係にまみれて、心はつらいのに無理に明るくしてみたり、楽しいフリをしてみたり、今の自分と違う自分になろうとしてみたり……。

そうやって人に気に入られよう、そういう自分になろうとすることで、知らない間に氷のバリアを身にまとってきたんや。

自分の恐れ（バリア）を持ったまま相手を見たら、相手の恐れ（バリア）が見える。

ハートを開いて愛から見たら、相手の愛が見えてくるで。

氷のバリアを溶かしたければ、ハートを開いて世界を見ること。

自分の本音と向き合うこと。
壁を越える勇気を持って、チャレンジして立ち向かうこと。
たくさん新しい経験をして、お互いを知ること。
そして、感じること。

ハートを開くことによって、心の温度が上がり、氷は水になって流れ出す。そして水になったとき、「氷も水と同じものだった」と理解する。
それが、我々の人生の目的や。

つまり、**愛こそが自分とすべての存在に通じる本質なんや。**
それを一旦忘れて、再び思い出すために、肉体を持って生きているのかもしれへんな。

キミの幸せはボクの幸せ

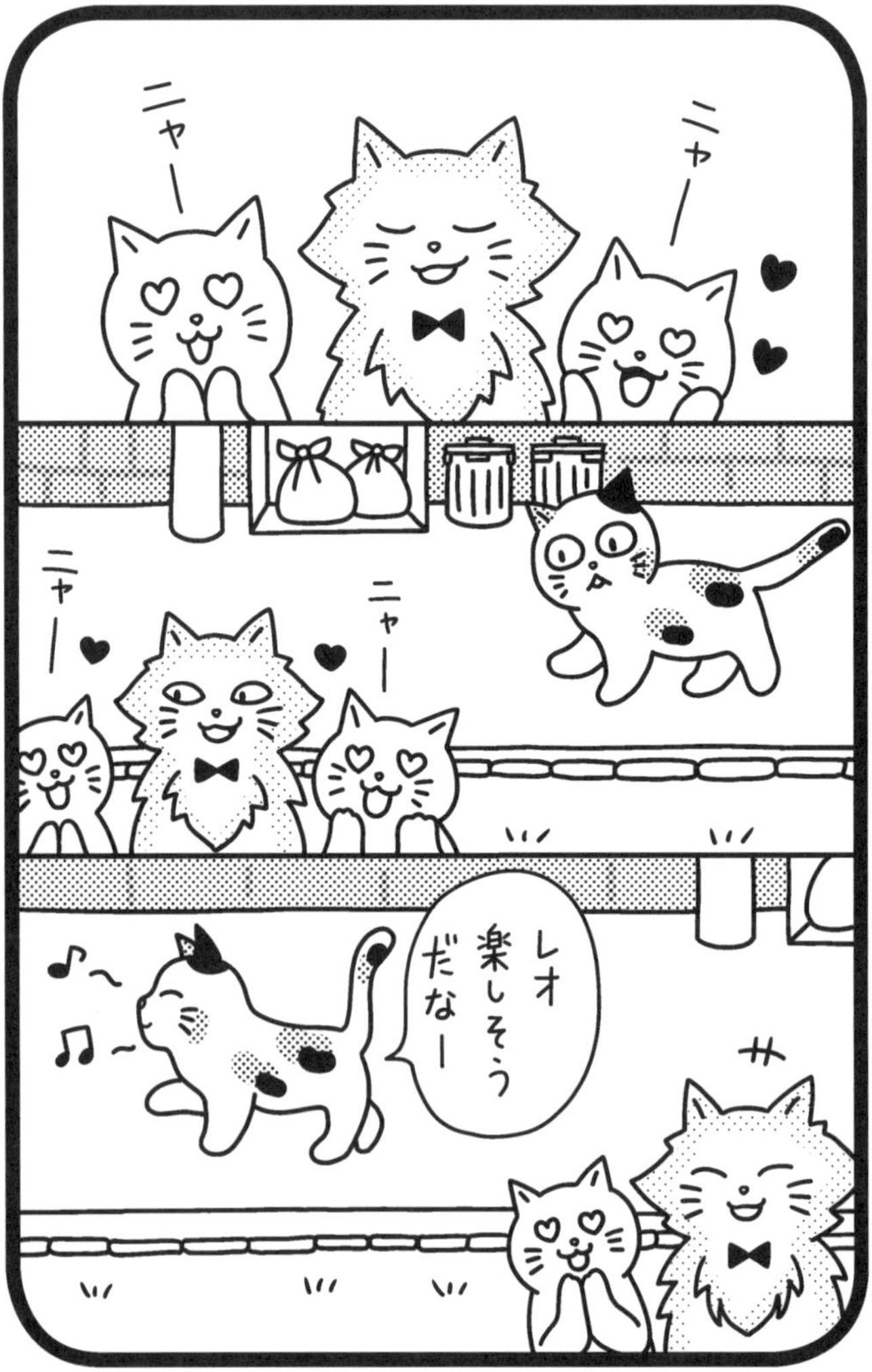

ニャー
ニャー
ニャー
ニャー
レオ楽しそうだなー

「すでに満たされている」ことを思い出す

キミにとって「自分を満たす」って、どんなイメージ？

仕事で成功してみんなから賞賛されたり、ＳＮＳで「いいね！」の数が５０００件を超えたり、彼氏ができてみんなからうらやましがられたり、いつも友だちが自分の意見に賛同してくれたり……。

そんな状態が「自分を満たす」と思っているなら、ちょい待ち‼

自分を満たすとは、相手をコントロールするのではなく、自分を緩めること。

自分を満たすとは、欠乏感を満たすことではなく、すでに満たされていることを思い出すこと。

自分を満たすとは、「自分の本当の望み」と向き合うこと。

キミのほんまの望みはなんや？

「○○を達成したい」

「○○ちゃんとつき合いたい」

……というのが願望だとキミの自我は思っていたとしても、キミがほんまに望んでいるのは、それらが実現したときに感じるであろう「喜び」や「充足感」や。

もしくは、子どもの頃に経験した「夢中になれる気持ち」が、ほんまにほしかったものかもしれへんで。


人は、いつも心の中で「このままでは足りない」という不足感を抱えている。

この不足感こそ、自我や。自我がそうさせているんや。

だからそれをごまかすために、何かを手に入れようとしているし、いつも未来に意識が向いている。

せやけど、不足感から手に入れたものは、その瞬間は満足するけれど、すぐに次のものがほしくなるんや。

キミが心の奥底でほんまに求めているのは、「お金が足りない」とか「恋人がほしい」という不足感の原因になっている「分離感の終わり」なんや。

「自分」と「自分以外の他人」が存在すると思っているから、相手にあって自分にないものをほしがろうとする。

でも、ほんまはすべてつながっているということがわかれば、そのままで自分は満たされているってわかるはずなんや。

足りないものなんてひとつもないと腑に落ちる。

ほんまの意味で自分を満たすとは、「すでに満たされている」と知ることや。

すでに満たされていると知るには、今この瞬間に身を委ねて、自分自身と両思いになることなんや。

つまり、**「今この瞬間にくつろぐ」ことであり、「自我が降参し、魂の声に従う」こ**

とでもある。

それは、見境なく欠乏感を満たすことやなく、「本当はこれをしたい」「こういう世界を創造したい」というハートの純粋な欲求を、頭の声（思考）を使って応《こた》えていくことなんや。

さあ、新しい時代の到来や！

人類のＯＳ（魂）がどんどんバージョンアップされている。

これまでの古いシステムは、「今は十分ではない」「このままではいけない」「頑張らないといけない」と設定されたＯＳだった。

新しい時代を生きるための新システムは……、

・満たされている

・すでに愛されている

という愛（生命）に設定されたＯＳで、まさに今、変更されている最中なんや。

相手と両思いになることだけが、愛の成就ではないんや。

頭の声と自分のハートが両思いになることが、本当の愛の成就なんや。

頭の声が自分のハートと両思いなら、１人でいても幸せを感じられるし、２人になったら、より深い幸せを感じられるで。

ハッピーやな♡

まぼろし

ワシはその…色々知る者じゃ
今日はキミという存在を教えてあげよう
ボクの存在？
おじいさんの存在がまず気になるけど…
いじめられる恐怖
人をうらやむ嫉妬
自分は何もできないという悲しみ
思い通りにならない怒り
自分はダメだという自己嫌悪
これをこうしてああして……
ペタペタ
これがキミだ！
え!?
こんなのボクじゃなーい！
ぐしゃ
すべて幻じゃ 何もない今がキミだ
コレ？
何もないよ

キミが思っているキミはキミじゃない

悩みは過去から来て、不安は未来から来る。
そして真理は、今この瞬間にある。

過去も未来も、今ここに存在しないものや。
真理とは、存在しないものを取っ払ったあとに残る、今ここにあるものや。
せやから、真理はいつもキミの目の前にある。

目覚めて生きるとは、過去や未来、つまり存在しない観念と縁を切って、存在する今とともに生きることなんや。

観念とは、過去に基づいた見え方や捉え方のこと。そういう意味では、人間関係というものも、実際には存在していないんや。

観念の世界は、キミと真理との間に作り出された色眼鏡のようなもの。

この色眼鏡がキミの思い込みとなって、キミを苦しめてきたんや。

さらには**観念の世界は、積み重なった過去の記録から作られていて、それが「セルフイメージ」を作り出し、人はそのセルフイメージを「自分」だと勘違いしている。**


そのことに気づかないと、「頑張らなくていい」とか「自己肯定感を高める」とか「現実は幻想に過ぎない」といったような精神世界の謳《うた》い文句もまた、新しい観念を作ることにつながってしまう。

観念の世界に逃げ込むための新しい手段（観念）になってしまうんや。


それらの過去の色眼鏡を外していって、最後に残る透明な意識……それがほんまの自分や。

「テトリス」っていうコンピューターゲームがあるやろ。

あのゲームでたとえると、次々と上から降ってくるさまざまな図形は「欲求」や「観念」や。

ゲームの画面を「心」だとすると、降ってくる図形でいっぱいに満たすことが「幸せ」だと我々は思い込んできたんや。

このゲームの面白さは、ほんまは「消すこと」なのに、必死で満たそうとしていたってことや。

せやから、必要なのは**「答えを得る」ことではなくて、「観念を消す」こと。**

目覚めとか悟りと言われているものは、「すべての答えを得ること」ではなくて、「すべての疑問が消えた境地」のことやねん。

それは決して未来に見つかるものではない。

それを見つけられるのは、今だけなんや。

あの世に持っていけるモノ

突然だが 魂の話をしよう
この世に来るのに 魂は身一つでやってきて
いって きまーす
あの世に帰るのに 魂はまた身一つで 帰るんや
ただいま
この世の物は何にも 持って帰られへん
あの世の入口
えーっ
ダメです
回収BOX
魂に刻まれた想いだけ しか持って帰れないのや
キザマレタ オモイダケ?
ちゃうで
キノコみたいに 言わんといて

苦しみも悲しみも、ぜ〜んぶ幸せにつながっている

人生の質は、「心が動く経験をどれだけしたか」で決まる。

心が動く経験をする中で感じた怒りや悲しみ、喜びなどの感情は、時が経ってその感情が消え去ったとしても、キミのオーラ（エネルギーフィールド）に刻まれるんや。
怒りを味わい切ったら、その感情は燃えるような赤色となってキミの心に刻まれる。
悲しみを味わい切ったら、その感情はすがすがしい青色となってキミの心の一部になっていくんや。

ちなみに、レインボークリスタルというパワーストーンを知っているやろか？　透明な水晶の中に7色の虹が見える天然石や。

レインボークリスタルは傷があるからこそ、虹色に光る。つまり、**傷あとが魅力の**

ひとつになるということや。

傷ついた体験は、キミを汚すものではなく、逆にキミを美しく輝かせて魅力的にするものやねん。

「憎しみ」は「許し」を学ばせてくれるし、「寂しさ」は「ぬくもり」を教えてくれる。

「悲しみ」は「喜び」の価値に気づかせてくれるし、「恐れ」は「勇気」を教えてくれるんや。

これまでに経験した忘れたいような出来事も、忘れたくない経験も、ほんまの幸せにつながっているんや。

人が死を迎えるとき、人生のさまざまな思い出が駆け巡ると言われる「走馬灯」ってあるやろ。

この走馬灯をスローに再生したものが、今という瞬間やと思ってみい。

緊張が緩んでハートが開くほど、これまで当たり前だと思って見えなかった目の前に広がる現実の繊細さや深さ、その摩訶《まか》不思議な世界が見えてきて圧倒されるで！

いつかキミも、キミが愛する人も、この地球とサヨナラする日が来る。

だからこそ、大事なのは自分が亡くなったときに、何が残るかや。

どれだけお金を貯めても、死んだあとの世界には持っていかれないやろ。

どれだけ頭に情報や知識を入れても、それは一時的な「肉体の記録」であって、「魂の記憶」にはならへん。

死んだあとに残る経験とは、１枚の皮膚感覚を超えて「誰か（世界）とつながった」という感覚や。

そんな経験をたくさんしていくとええで。

なんでもない日

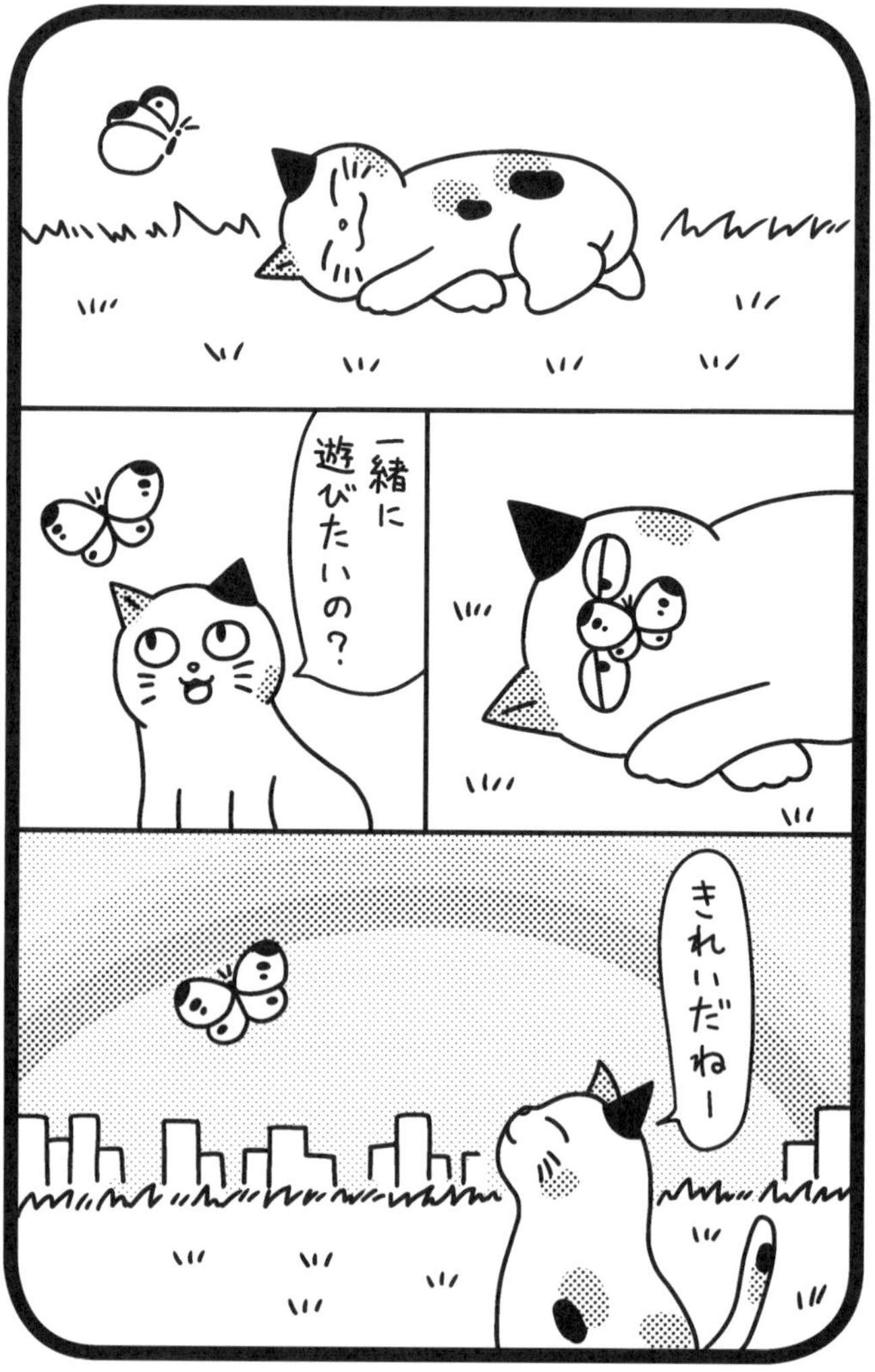
一緒に遊びたいの？
きれいだねー

すべてが満たされる瞬間

大自然の美しい風景に心が震えたとき、頭の中のおしゃべりがやみ、深い充足感がやってきて、心が洗われるような気持ちになることがある。

一人神社で静かに手を合わせたとき、作法や所作の中になんとも言えない静寂や充足感が満ちてくるのを感じたことがあるはずや。

何かに集中している最中に現れる、静かで揺るぎない深い充足感。

これが「本当の自分」、もしくは「愛」と呼ばれるものや。

深く感動すればするほど、言葉で説明するのは難しいやろ？　言葉にすると、言いたいことの本質からズレるように感じることがあると思うんやけど、それは全身でその感覚を捉えているからなんや。

そんなとき、実は「頭の理解」よりもうんと深く「わかっている」んや。

神社で感じるあの凛《りん》とした静けさは、本来キミたちの内にあるもので、神社の神聖さが、キミの「神聖なハート」と共振してるんや。

ただ、キミたちの多くは、普段あまりにも頭の声（思考）が騒がしいから、あの神聖さが、自分の内にあるものだとは到底思えず、パワースポットは外側にあると思っている。

ほんまの自分を生きるとは、その神聖さが内側にあることを知り、ハートから生きはじめたときや。

あらゆるスピリチュアルな願望は、ハートに対する誠実さを養うことによって実現するんやで。

つまり思考とハートが一致するように、もっと今にくつろぎ、自分の人生とより正直な関係を築くと決意することや。

また、夢中で好きなことに没頭するのも同じやで。

好きなことに夢中になって没頭するとき、その状態を「無我夢中」と表現するやろ？　そういうとき、周りからはむちゃくちゃ頑張っているように見えても、本人は頑張っているつもりはまったくないねん。だって、頑張っている自分なんていないのやから。


没頭とは、頭（思考）が消えることや。

「無我夢中」とは読んで字の如く「無我」、つまり自分が消え去っている状態や。

無我、無欲、無心、無私……そして無（ゼロ）が2つ並ぶと、無限大（∞）になる。


人が無心で何かに没頭するとき、ものすごい力を発揮することがあるやん？

あれは、無心になることで「恐れ」が消えて、無限の意識とプラグがつながるからなんや。

ハートに対する誠実さを養いながら無我夢中で生きると、今まで以上に、全体の流れと一致してシンクロニシティや奇跡が頻繁に起きてくると思うで。

これが愛!?

愛ってな探してもないねん
どういうことですか?
キミの存在そのものが愛そのものなんや
やぁボクは愛です!
愛
レオもモモもトラもワシもこの世界に存在するものすべてみんな愛やねんせやからキミが愛されるとか愛されないとかないねん
ちなみに
その関西弁も愛ですか?
せやで
あははは

「愛される自分」はいない。愛だけがある

愛について言葉にするのは難しい。

その理由は、多く人が愛について、いろんな観念を持っているからや。

せやけど言えることは、**愛は感情ではないということや。**

キミが愛を持っているのではなく、**キミの存在そのものが愛なんや。**


愛はすべての命に宿っている。

でもそれをキミが「ない」と感じるのは、愛を失ったのではなく、ただ見失ってるだけやねん。

よく「愛する」とか「愛される」とか言うけれど、ほんまは「愛する自分」や「愛される自分」なんていない。

そこに愛があるだけや。

愛は、「光」と「闇」であり、「美しい」と「醜《みにく》い」であり、「強い」と「弱い」であり、「好き」と「嫌い」であり、「知っている」と「知らない」であり……すべてを受容している透明なスクリーンなんや。

人生は映画のようなもので、この透明なスクリーンには、幸せな物語やら、誰かに傷つけられる悲しい物語やら、すべてが現れては消えていく。

キミは映画を見るとき、スクリーンを見てはいるけど、それには気づかずにストーリーに没頭しているやろ。

ほんまの自分と言われるものは、映画の中の主人公（自分であり自我）ではなくて、透明なスクリーンのほうやねん。

「人生映画」＝「枠の中の自分」であり「常に変わる有限の現象」

「スクリーン」＝「常に変わらない永遠」であり「今」であり「無限の愛」

と言えるんや。

たとえ自分が傷つけられる映画が展開していても、透明なスクリーンはまったく傷ついてないやろ。それと同じように、**キミがもし自分には何かが欠けていると思い込んでいても、キミという存在は何も欠けてないんや。**

上映中の映画の主人公（自分であり自我）が愛を得たり失ったと思っていても、スクリーンというリアリティ（本質）から見れば、最初から何も得てないし、何も失ってないということや。

せやから、**キミが愛を持って生きるのではなく、愛がキミを生きているんや。**

愛こそがほんまの自分であり、すべての生物を生かしているエネルギーなんや。

境界線なんてないから、すべてがひとつ。

ただ、愛だけがある。

そして「これ」こそが、キミやワタシの本質なんや。

わかったかい？　ほなまたな！

ルシファーが天使に帰還するとき

これまでの地球は、オリオン座の働きによって男性性思考による文明の進化を促され、重い周波数で存在していました。そのために努力や根性、一生懸命さが未来を拓くという、重い周波数の生き方が通用していました。だからこそ、重たい地球と同調してオリオン座は安定していたのです。

しかし、今オリオン座のベテルギウスという星が最期（超新星爆発）を迎えています。

これは、物質文明から精神文明へシフトする時期が到来していることであり、ずっと闇の役割を担ってきたルシファーが、本来の光の天使に帰還することを意味します。

その意識の変容は、あなたという一人の宇宙の中で起こります。世界が変わるからあなたが変わるのではなく、あなたが変わるから世界（見え方）が変わるわけです。

愛を知るコラム④

地球・テラ（聖なる女性性の意識）は波動を上げることを決め、どんどん軽やかに反転しています。すると、これまで「8」のエネルギー（一神教的支配、コントロール）を使ってうまくいっていた人々は摩擦を起こし、カルマの清算（浄化）をすることになってしまうわけです。

これからの新しい時代の生き方、あり方を形にしていくためには、古来の日本語の精神に宿っている「9の精神（空《あ》け私）」、つまり「主語（I）がないから守護（愛）がある」という「金の精神（反転した目覚めの世界）」を思い出す必要があります。

この時代に多くの魂たちが地球上に生を受けたがる理由は、今こそこの地球上で肉体を持ちながら目覚める最後の機会であり、長い歴史の間に蓄積してきた多くのカルマを解消できると知っているからです。

これまでの1万3千年間は、眠った意識で生きられるようにあなたの中の顕在意識と潜在意識、そしてあなたの内なる神とルシファーが分離してきましたが、その時代が終わります。

光に照らされることで闇が表面化してきますが、試練や大変なことはあなたを裁くために起きるのではなく、新しい自分に目覚めるために起きます。

闇の必要性を認めたときこそ、ルシファーの果たしてきた役割が終わるときであり、神から分離して自ら神になろうとしたルシファー本来の偉大な魂が輝き出すときなのです。

マスターネーコからキミへ

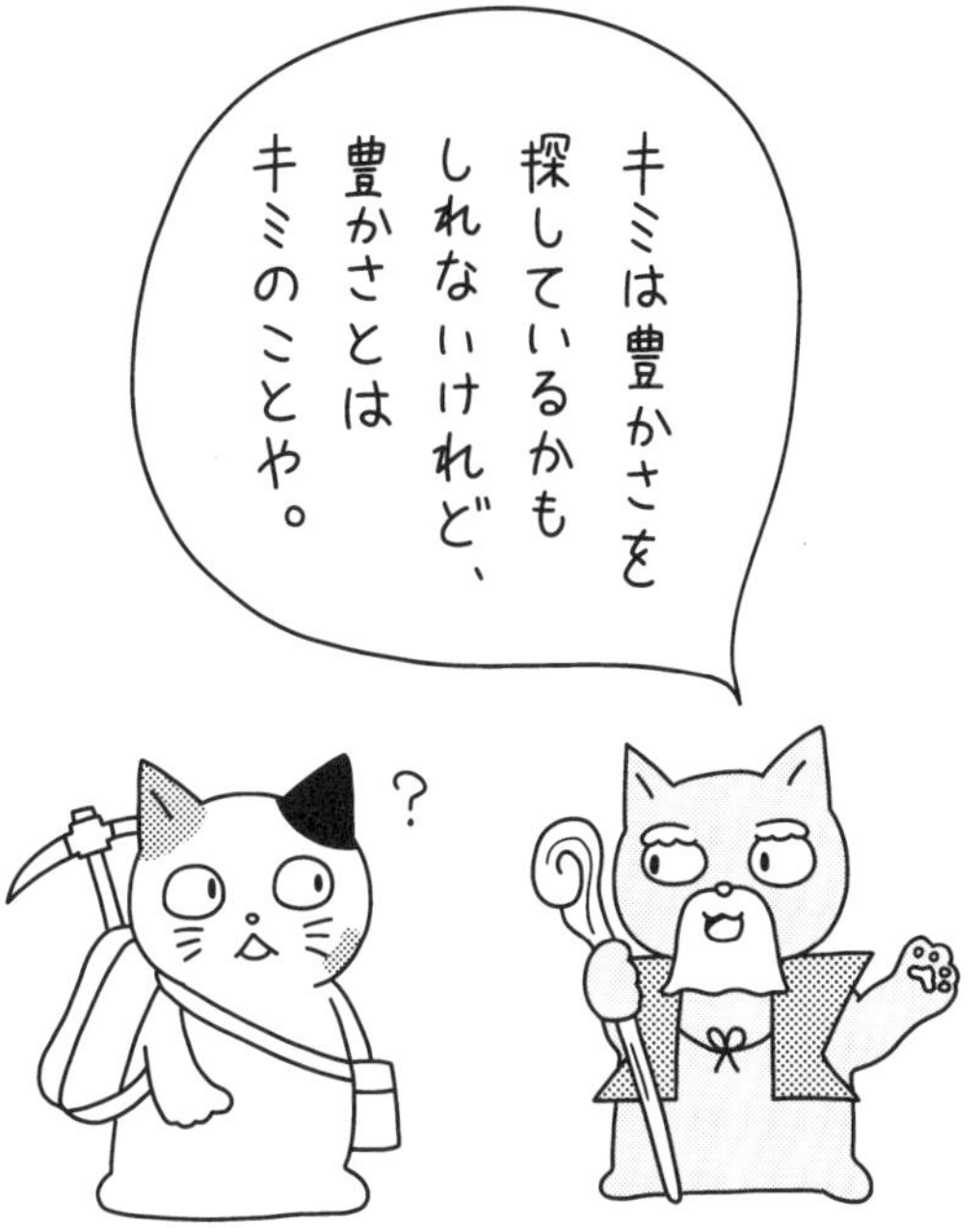
キミは豊かさを
探しているかも
しれないけれど、
豊かさとは
キミのことや。
?

豊かになるのではなく
豊かであることを
思い出すこと。
幸せになるのではなく、
幸せであると気づくこと。

「それ」は、あまりにも近くにあって、
あまりにもすべてを包み込み、
あまりにも当たり前に見えているから、
なかなか気づけない。

でもな。
今目の前に広がる
「それ」が、
キミが、未来に
求めている以上の
宝物やねん。

あとがき――すべてが喜びと愛に変わるとき

オルフェウスの神話をご存じでしょうか。

死んでしまった妻をどうしても諦め切れず、オルフェウスが冥界に行って妻を連れて帰ろうとする物語です。

しかし、「地上に帰るまで、けっして妻の顔を見てはいけない」という神様との約束を破り、最後の一歩のときに振り返ってしまったため、妻は冥界に戻されてしまいます。

この神話が日本のイザナギ・イザナミの物語とよく似ているのは、どちらも人類にとって普遍的なテーマを含んでいるからだと思います。

私たちは「自分の全体性（ありのままの自分）」を認めておらず、「自分の断片（ペルソナ）」しか「自分」だと認めていません。

社会で生きる上で、私たちが「こうあるべきだ」と意識的に決めた自分をペルソナと言います。オルフェウスやイザナギは、このペルソナ（超自我）を象徴しているのです。

「こうあるべき」と決めたことで、「こうあってはいけない」自分は隠されてしまいます。「自分」だと認めていない無意識の部分を「シャドー」と言いますが、オルフェウスの妻やイザナミは、このシャドーを象徴しているのです。

私たちは幼少期に「あること」を学びました。つらい経験に巻き込まれないように身体に力を入れ、それを見ないようにすることによって、私たちは「世界は安全ではない」という観念を無意識に作りました。

そしてあなたは「世界をコントロールしなければいけない」「間違ってはいけない」と信じはじめ、その結果「（間違う）自分には価値がない」「私は愛されない」「どうせ自分はひとりぼっちだ」という呪いができあがったのです。

シャドーの呪いはじつに巧妙に隠されていて、私たちは、自分の内面とは裏腹な顔を世間に向けています。自信のなさを隠すために傲慢《ごうまん》なペルソナを被る人もいれば、傷つきやすさを隠そうとして面白いキャラを演じる人もいます。

シャドーは、表に見せているペルソナの反動で形成されるので、警察官や聖職者、政治家など〝立派な社会人〟を演じなければならない人ほど、シャドーの闇も深くなるのです。

彼らは「こうあるべき」という正義の仮面を被りながら、「こうあってはならない」というシャドーを他者（世界）に投影するので、すべてを「敵か、味方か」「正義か、悪か」というように認識しています。

多くの平和運動家は、シャドーによる戦いや葛藤のエネルギーを利用して、平和運動をしているのですが、本当に地球を平和にしたければ、自分の中にある心の戦争をやめないといけないのです。

このように、私たちは他人のみならず、自分で自分を欺《あざむ》いていたりするものです。

もしどこか満ち足りない、幸せでないと感じるなら、自分の嘘が自分の邪魔をしていることに気づき、ペルソナの裏を見つめる必要があるのです。

あなたがシャドーを見つめ、いい面も悪い面も含めて、あらゆる自分（全体）を認めたとき、自我は力を失っていきます。そして、自我が脇役になるとき、それまで脇役だった背景が主役に代わり、創造的な力が湧いてくるのです。

私は20代の頃、一晩中ギターを弾いていました。演奏中、〝私が〟何かをしているのではなく、〝何か〟が私を通して、音楽を表現している、というようなインスピレーション体験をしました。

これは私だけの特別な体験ではなく、誰にでも起こり得る普通のことです。

自我が消え去るとき、自分と世界がひとつに溶け合い、周りにあるすべてが新鮮に輝きはじめるのです。

心のブレイクスルーも同様です。問題や困難に取り組んでいるときに、突然ミューズ（女神）の息吹とともに、今までにない閃きや力強さが自分の内側から湧いてきます。

創造するというのは、何かあるものを作り出すというよりも、邪魔者である「自分」を手放したときにできる空白のスペースに、閃きのミューズ（女神）がやって来るのを待つことなのです。

しかし、人間のマインドは空白や静寂を恐れ、ないものを埋めるために、新しい刺激や解決策を外に求めようと努力しはじめます。人が真に求めている平和は、まさにその逃れようとしている「在《あ》る（静寂）」の中にあるというのに……。

太古の昔、最初の人類が楽園から追放されたとき、楽園での記憶を忘れないように、そっと密かにあるものを隠し持って旅に出ました。

それは「遊び心（リーラ）」でした。

意識の目覚めとは、社会に刷り込まれた〝自分以外のものになろうとする習慣〟を完全に捨てて、「在る」ことの喜び、遊び心（リーラ）を思い出すことです。

それは、何か新しいもの、特別なものを手に入れることではなく、永劫《えいごう》の昔からそこにあり続けていた宝を思い出すだけなのです。

もし私たちが、見せかけの自分を手放し、遊び心を持って生きれば、言葉と存在のギャップは消えて、ミューズ（女神）の囁《ささや》きが聞こえてくるかもしれません。

そのとき、言葉に閃きと力が宿り、こと（言）は、コト（事）になるのです。

思想家のシュタイナーは、現在の人体器官のうち、大きく変化しつつある器官は、生殖器官と思考器官と発声器官であり、生殖器官は、将来その役割をほかの器官にゆずり、退化していくと言いました。

これは言い換えれば、未来の人間は、性（セックス）を必要としなくなるということです。

では、生殖器官に代わるほかの器官とはなんでしょう。未来の人類は、そのときどのような方法で生殖するのでしょうか……。

シュタイナーは、それは〝発声器官〟によってであると言います。

発声器官は、現在変容しつつある未来の生殖器官であり、はるか昔、男女の性に分かれた人間が統合され、将来再び、両性具有に至るとシュタイナーは言います。

これは日本の〝言霊《ことだま》〟〝音霊《おとだま》〟と言えるかもしれません。古来日本という国は、伝統的に声や音の響きを重視してきた〝言霊の幸《さきわ》ふ國《くに》〟なのです。

日本には、大物主（オオモノヌシ）と事代主（コトシロヌシ）と呼ばれる神様がいますが、古代の世界観において、モノは「物」であると同時に「霊（もの）」であり、コトは「事」であると同時に「言」でした。

アーユルヴェーダの聖典には、世界でもっとも美しい神の音（ナーダ・ブラフマ）は「沈黙」である、と書かれています。

創世記に〝はじめに言葉（音）ありき〟とあるように、言葉や音が宇宙のはじまりであり、音と音の間の沈黙に真実が隠されています。

神の訪《おとず》れとは、文字通り「音連《おとづ》れ」であり、〝あなたの本性〟は音の訪れる場全体であり、沈黙そのものだと感じてみてください。
すると「自分が何かをしている」のではなく、「事が展開している」という感覚にシフトするかもしれません。

あなたは相手のせいで悩んでいたのではなく、実際は〝悩んでいるという思考〟に悩んでいたことに気づかされるでしょう。

移り変わる心や思考を自分だと思い込み、沈黙の自己を忘れてしまったことや、オルフェウスがうっかり後ろを見てしまったことは、（バーチャル世界に没頭できるという意味において）失敗ではなく、成功だったと言えるかもしれません。振り返ってしまったことで、オルフェウスの中で、新たな歌（旅）がはじまったのですから。

男女や二元性が本当にひとつになってしまったら、歌や物語は生まれませんでした。死こそが詩を生み、歌や祈り、物語を生み出したのです。

別れや欠如、喪失があるから、鎮魂歌や賛美歌のような形で、歌やストーリーが幾度も紡《つむ》ぎ出されてきたのです。

しかし、沈黙としての〝自己〟は何ひとつ失っていないし、完全に満たされているのです。

ここで言う「完全に満たされている」とは、自分の願望や都合が満たされることではなく、すべてがあなたなしで、完璧に起きているということです。

何かを得たり足したりするのではなく、むしろ身につけてきたものを手放せば、それまでの偽物の自分は消え失せ、今この瞬間に展開している場全体（むき出しのリアル）が自分になるでしょう。

一度も自分から離れたことのないグノーシス（霊知）の響きに身を委ねながら、今目の前に起きている現実を、もう二度と出会えない瞬間だとして感じてください。

ここしかない。これしかない。

ワンネスの体験（一瞥《いちべつ》体験）さえも消え去る。

今この瞬間が、永遠に現れては消えていく。

巻き戻すことのできない一生に一度きりの今を生きるとき、存在するすべてが喜びになります。そのとき、私たちははじめて、本当に人を愛せるようになるのです。

最後に、この本の出版に関わってくださったすべてのみなさん、そして何より本書をお読みいただいたみなさんに、心より感謝申し上げます。

2020年8月吉日

しみずたいき

しみずたいき

1975年生まれ。作家。心理カウンセラー。

2004年まで音楽活動をする一方で禅やトランスパーソナル心理学と出会い、2006年に個人カウンセリングを始める。mixiのコミュニティの管理人として詩やメッセージを書き始めると40万人のコミュニティとなり人気カウンセラーとなる。生死をさまようほどの体調不良やパニック障害などを経て霊的な目覚めが起こり、意識の変容を経験。悩みや苦悩、存在の本質への深いメッセージは、多くの人から支持を得ている。

現在は、執筆活動のほか、トークライブや講座を主催。

著書に『「本当の自分」に目覚める本』(河出書房新社)、『行き抜いて、息抜いて、生き抜いて。』『孤独の夜に寄り添う117の言葉』(ともに大和書房)がある。

しみずたいきオフィシャルブログ
https://ameblo.jp/taiki-ism/

【主要参考文献】
『アカシャ年代記』より
R・シュタイナー / 高橋巌訳（国書刊行会）

ブックデザイン：高瀬はるか
イラスト・マンガ：坂本真由美
DTP：ツカダデザイン
編集協力：RIKA（チア・アップ）
編集担当：真野はるみ（廣済堂出版）

愛を知ったネコ
しあわせは今ここにある

2020年9月23日　第1版第1刷

著者	しみずたいき
発行者	後藤高志
発行所	株式会社 廣済堂出版
	〒101-0052 東京都千代田区神田小川町2-3-13 M&Cビル7F
	電話　03-6703-0964（編集）
	03-6703-0962（販売）
	Fax　03-6703-0963（販売）
振替	00180-0-164137
URL	https://www.kosaido-pub.co.jp
印刷・製本	株式会社 廣済堂

ISBN 978-4-331-52306-3 C0095

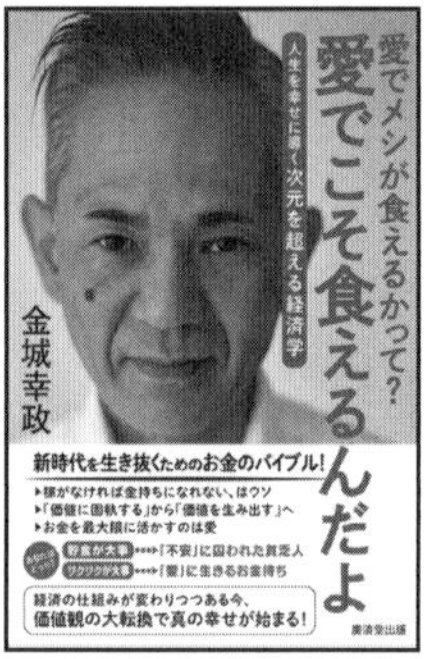
愛でメシが食えるかって？
愛でこそ食えるんだよ
人生を幸せに導く次元を超える経済学
金城幸政
新時代を生き抜くためのお金のバイブル！
▶「価値に固執する」から「価値を生み出す」へ
▶お金を最大限に活かすのは愛
経済の仕組みが変わりつつある今、
価値観の大転換で真の幸せが始まる！
廣済堂出版

愛でメシが食えるかって？ 愛でこそ食えるんだよ

人生を幸せに導く次元を超える経済学

金城幸政

定価 1500 円（税別）

お金と愛に、どんな関係があるの？　このことがわかれば、お金や豊かさに対する価値観が変わり、人生そのものの意味、生きることの素晴らしさに気づくことができます。今こそ次元を超える豊かさを手にするときです。

お母さん、年末、実家に帰らなければダメですか？
もっとラクに！もっと自由に！
ワクワク輝いて生きるために大事なこと
性格リフォーム心理カウンセラー
心屋仁之助
親孝行は、しなくていい!?
あなたの人生は、「お母さんとの関係」
によって、つくられている！
著書累計
420万部突破！

お母さん、年末、実家に帰らなければダメですか？

もっとラクに！ もっと自由に！
ワクワク輝いて生きるために大事なこと

性格リフォーム心理カウンセラー
心屋仁之助

定価 1300 円（税別）

悩みが多くて憂鬱、毎日を楽しめない、理由もなくイライラ……。そんな人は自分の人生を生きていないのかも!?　人生は「おかあさんとの関係」の投影です。あなたをいつの間にか縛っている「お母さん問題」を本書で解決してください。